D1722322

Jörg Müller

Wenn man meine Bitten erfüllt…

Botschaften der Gottesmutter
für die Welt

Bestelladresse für Österreich:
Mediatrix-Verlag, A-3423 St. Andrä-Wördern, Gloriette 5.
www.mediatrix.at

Bestelladresse für Deutschland:
Mediatrix-Verlag, D-84503 Altötting, Kapuzinerstraße 7.

Layout und Grafik:
www.creativstudios.at

ISBN 978 3 902722 44 7

1. Auflage 2018

Jörg Müller

Wenn man meine Bitten erfüllt...

Botschaften der Gottesmutter
für die Welt

Mediatrix-Verlag

A-3423 St. Andrä-Wördern, Gloriette 5

Inhaltsverzeichnis

Wozu dieses Buch?

Bücher über Maria gibt es genug. Es gibt aber keine einzige Sammlung über die bisher von der kath. Kirche anerkannten Erscheinungen in der ganzen Welt. Insgesamt 17 Orte mit Marienerscheinungen sind offiziell als echt anerkannt worden. Das ist ein ganz kleiner Prozentsatz von über 700 Erscheinungsorten und bedeutet nicht, dass alle anderen falsch sein müssen. Es weist aber auf die Vorsicht und Strenge der Kirche hin, die lieber dreimal eine echte Erscheinung ablehnt, als das Risiko einzugehen, auch nur einmal eine falsche anzuerkennen. Die Erscheinungen im orthodoxen Raum sind hier nicht erwähnt.

Es geht darum, den Leser mit den Botschaften des Himmels bekanntzumachen und ihn dadurch auf den Weg des christlichen Lebens zurückzuführen. Maria überbringt die Wünsche ihres Sohnes und hat die Rolle einer Vermittlerin wie schon damals bei der Hochzeit zu Kana. Sie bittet, fleht, tröstet, weint, warnt und führt. Das Studium ihrer Botschaften lässt keinen kalt. Sie machen betroffen, nachdenklich und bleiben nicht ohne Folgen. Sie sagt nichts Neues, sondern frischt noch einmal auf, was viele vergessen haben, nämlich zu beten, Gott in ihr Leben einzubeziehen und moralisch anständig zu bleiben. Es gibt Warnungen vor den Folgen eines gottlosen Lebens.

Bei vielen ihrer Besuche lächelt sie auch, scherzt mit den Sehern, erfüllt viele ihrer Wünsche; dann wiederum mutet sie den jugendlichen Sehern schwere Prüfungen zu, verspricht ihnen aber ihren mütterlichen Schutz angesichts der Verfolgungen und Demütigungen, die sie erleiden. Eine ihrer Botschaften lautet: Ohne Kreuz (also Leid, Opfer, Verzicht) gibt es keinen Weg zum Himmel.

Manchen macht das Angst. Dennoch: Maria will nicht Angst machen, sondern retten. Wenn ich einem Burschen sage, er solle gefälligst seinen Helm tragen und nüchtern Motorrad fahren, sonst läuft er Gefahr, sich schlimme Schäden zuzufügen, dann soll das ja nicht Angst machen. Tut er es nicht und verunglückt nun, ist der Jammer groß. Um diesen Jammer zu vermeiden, kommt die Gottesmutter zu uns mit dem großen Anliegen:

Leute, bekehrt euch, geht liebevoll miteinander um, lebt die Gebote und hört auf, das Lustprinzip zum Götzen zu machen!

Einige Seherkinder dürfen einen Blick in Himmel, Hölle, Fegefeuer machen, d.h. sie haben mystische Schauungen von den Zuständen der Seele nach dem Tod. Das sollten wir ernst nehmen und nicht als Spinnereien abtun. Es zeigt sich, dass die Lehren der Kirche ernst zu nehmen sind, aber immer mehr unterlaufen werden.

Privatoffenbarung - was ist das?

Der Begriff ist missverständlich. Die Kirche lehrt, dass die großen Offenbarungen mit dem Tod des letzten Apostels abgeschlossen sind, und zwar in dem Sinn, dass nichts wesentlich Neues mehr verkündet werden kann. Wenn also heute einer käme und behauptete, ein Engel oder sonst eine jenseitige Gestalt, vielleicht sogar Jesus selber habe ihm geoffenbart, dass er nicht auferstanden sei oder dass die Kirche mit ihren Konzilsbeschlüssen falsch läge, so lügt er. Mindestens aber wurde er Opfer eines Irrtums oder einer falschen Erscheinung. Denn göttliche Offenbarungen richten sich niemals gegen Lehren der von Gott gestifteten Kirche. Das berührt nicht das Fehlverhalten ihrer Amtsträger; denn diese Kirche ist eine Gemeinschaft von Sündern. Jedoch darf eine von der Kirche feierlich verkündete, vom Geist Gottes inspirierte Lehraussage (Dogma) als unfehlbar gelten, weil Gott selber Urheber dieser Erkenntnis ist. Natürlich waren Hexenverbrennungen und gewaltsame Bekehrungsversuche schlimme Verbrechen, nie aber Gegenstand einer Lehre.

Wenn also nun keine wesentlich neuen Dinge mehr geoffenbart werden können, so hindert dies Gott nicht daran, weiterhin in die Geschichtlichkeit der Welt einzugreifen, um sein Volk zu führen, zu mahnen und zum Glauben zurückzuführen. Und dies scheint sich in den letzten Jahrzehnten ganz klar abzuzeichnen. Gott bedient sich dabei der Engel, der Heiligen, vorzugsweise der Mutter Jesu. Privatoffenbarung ist demnach die Kundgabe verborgener Wahrheiten und Inhalte, die an einzelne Personen oder Gruppen gerichtet sind. Es gibt darunter *mystische* Offenbarungen, die sich im Inhalt und in der Zielsetzung nur auf Einzelne beziehen, und es gibt *prophetische* Offenbarungen, also Mitteilungen, die uns alle existentiell betreffen. Von diesen handelt das Buch.

Karl Rahner nennt sie "einen Imperativ, wie in einer bestimmten geschichtlichen Situation von der Christenheit gehandelt werden soll." Sie sind nicht neue Behauptungen, sondern neue Befehle. (Visionen und Prophezeiungen. Reihe: Quaestiones disputatae 4, Freiburg 1958)

Paulus weiß um die Problematik und empfiehlt einen dreifachen Weg: den möglicherweise dahintersteckenden Geist Gottes nicht auszulöschen, die Prophetengabe nicht gering zu achten, alles zu prüfen und das Gute zu behalten. Es muss also nicht alles richtig sein, was ein Prophet sagt, denn der Mensch ist oft ein getrübter Filter göttlicher Weisungen: Er kann irren, fehldeuten... Wer immer nach dieser Rolle drängt, macht sich verdächtig. Denn alle Visionäre, Propheten und Mystiker ernteten Spott, Ablehnung und heftige Kritik aus den eigenen Reihen. Wer immer von Gott gerufen wird, drückt sich erst einmal. Das ging dem Jonas nicht anders als dem Elias, dem Ezechiel nicht anders als dem Jeremias. Und was mit Johannes dem Täufer passierte, ist bekannt. Echte Propheten leiden fürchterlich unter diesem Auftrag, Gottes Wünsche und Warnungen weiterzugeben. Vielleicht ist das einer der Gründe, weshalb sich der Himmel die "Kleinen" und "Ungebildeten" aussucht. Wo ist je bekannt geworden, dass ein Adademiker, gar noch ein Theologieprofessor, eine Marienerscheinung mit einem prophetischen Auftrag hatte?! Die Naivität der Seher ist womöglich ein starker Schutz gegen den Vorwurf der Manipulation. Denn mangelnde Intellektualität und ekstatische Zustände während der Erscheinung machen eine kritische Selbstbeobachtung, die zur Manipulation erforderlich ist, unmöglich.

Was auffällt an den Offenbarungen im letzten Jahrhundert sind deren apokalyptische Züge. Dabei werden immer wieder auch Aussagen Jesu aufgegriffen und ergänzt; es geht in zuspitzender Weise um Warnungen und Hinweise auf bevorstehende Katastrophen, wenn die Menschen nicht zu Gott zurückfinden und die alten Wahrheiten der Kirche leben. Insofern die Botschaften zurückrufen zu einer traditionell geprägten Glaubenspraxis, kann man sie konservativ nennen: es geht um die Bewahrung des Bewährten, wobei die Gottesmutter sich nicht scheut, auf Details hinzuweisen. So bittet sie darum, jeden Monat beichten zu gehen, täglich den Rosenkranz zu beten und dem Papst zu gehorchen. Sie empfiehlt sehr eindringlich das Fasten, das Gebet für die Verstorbenen und äußert sich tief besorgt um die Abtreibungen, den schwindenden Glauben an die Existenz ihres Sohnes in der Eucharistie. Sie weist weinend auf die kommenden Ereignisse hin, die aufgrund der wenigen Beter verkürzt, aber nicht verhindert werden können: Kriege, Verfolgung, Naturkatastrophen. Am Ende aber wird Gott siegen und die Menschen finden zurück zum Glauben.

Übrigens verpflichtet die Kirche keinen Christen zum Glauben an diese Marienerscheinungen. Da ist jeder frei in seiner Entscheidung. Der Glaubende möge nicht aufdringlich sein und der Skeptiker nicht abschätzig den Glaubenden behandeln.

Kriterien der Echtheit

Man muss nicht ein Wunder annehmen und einfordern, um die Echtheit einer Erscheinung zu bestätigen. Denn dann müsste erst einmal das Wunder wieder als echt geprüft werden. Es bleibt letztlich dem Glauben überlassen, und der will bestimmte Kriterien erfüllt sehen, um sich für oder gegen eine Echtheit entscheiden zu können.

Der Nachweis einer göttlichen Ursache ist schwierig, zumal sich im paranormalen Bereich ähnliche Ereignisse vollziehen wie im religiösen. Deshalb ist erst im nachhinein eine Bewertung möglich, und zwar aufgrund der geistlichen Früchte: Bekehrungen, Heilungen, Versöhnung... Wesentlich ist dabei auch der Charakter der Seherpersönlichkeit. Wer seinen eigenen Visionen zunächst einmal kritisch gegenübersteht und bereit ist, sich einer Prüfung zu unterziehen, erfüllt schon ein wichtiges Kriterium. Ist bei ihm eine Vertiefung seines Glaubens, eine stärkere Bindung an die Kirche und Gehorsam seinem Seelenführer gegenüber zu beobachten, erfüllt er ein weiteres Echtheitskriterium. Übersteht er im weiteren Verlauf alle Anfechtungen, Verhöre, Verleumdungen, dabei im Glauben Trost und Kraft findend, frei von Dünkel oder verbissener Durchhaltetaktik, wird seine Glaubwürdigkeit verstärkt.

Es gilt zu unterscheiden zwischen krankhaften, psychisch bedingten Wahnvorstellungen (Halluzinationen), wunsch- oder angstbesetzten Verkennungen realer Vorgänge (Illusionen), technisch bedingten Manipulationen (Täuschung, Suggestion) und raffinierter Show. Ich habe selber einmal eine falsche Seherin entlarvt, die sich unter die echte Sehergruppe mischte und so tat als ob. Ein Reaktionstest während der Erscheinung (Pupillen- und Schmerzreflex) sowie eine nachträgliche Befragung haben sie als eine dissoziative Persönlichkeit enttarnt. (Früher nannte man solche Personen „hysterisch".)

Es fällt auf, dass an fast allen Erscheinungsorten geistliche Berufungen geweckt werden, sogar neue religiöse Gemeinschaften und Gebetsgruppen entstehen. Niemanden stört es, wenn man vor den Beichtstühlen geduldig warten muss, wenn die Gottesdienste und Gebete mehrere Stunden andauern, wenn es regnet oder tropisch heiß ist, wenn jemand schreit oder wenn das Evangelium in mehreren Sprachen übertragen wird.

Es herrscht der Geist der Einheit, des Friedens, der Liebe. Man stelle sich einmal vor, wie es zu Hause in den Heimatgemeinden aussieht, wie rasch dort Unmut geweckt wird und wie sehr ein jeder darauf achtet, einen guten Eindruck zu machen.

Leider gibt es immer wieder auch Christen mit einer ungesunden, abschreckenden Religiosität. Wer die Botschaften Mariens für sich geltend macht und zu leben versucht, sollte nicht die Menschen mit missionarischem Übereifer bedrängen oder gar mit Höllenstrafen bedrohen. Er darf auch nicht seine Gebetspraxis derart ausüben, dass er seine gewöhnlichen Pflichten vernachlässigt. Manche üben auf ihren Pfarrer Druck aus, er möge doch dies und jenes einführen, ändern, befürworten oder öffentlich verbieten.

Der Gehorsam und die demütige Zurücknahme seiner Person sind wichtige Hinweise auf Echtheit. Keiner muss den Glauben fordern; er muss ihn nur existentiell bezeugen.

Die Urteile der Kirche

Die katholische Kirche hat bei Berichten von Erscheinungen die Möglichkeit, in einer Beurteilung ihre offizielle Meinung abzugeben. Die Regeln dieser Echtheitsprüfung gehen auf die Zeit Papst Benedikts XIV. zurück. Im kirchlichen Sprachgebrauch werden drei Begriffe verwandt:

Constat de supernaturalitate: *Es steht fest, dass es sich um Übernatürliches handelt*. Damit wird eine Erscheinung oder ein Erscheinungsort offiziell bestätigt. Das trifft auf alle hier im Buch beschriebenen Erscheinungen zu.

Constat de non supernaturalitate: *Es steht fest, dass es sich um nichts Übernatürliches handelt*. Damit wird eine Erscheinung oder ein Erscheinungsort offiziell verurteilt.

Non constat de supernaturalitate: *Es steht nicht fest, ob es sich um Übernatürliches handelt*. Damit wird eine Erscheinung oder ein Erscheinungsort weder verworfen noch bestätigt. In einem gewissen Sinn ist dieses Urteil daher ein „neutrales" bzw. abwartendes Urteil. Das ablehnende Urteil zu akzeptieren, ist den Gläubigen dringend empfohlen. Dieses Urteil lässt alles offen und kann später nach neuerlichen Prüfungen geändert werden. In Deutschland betrifft dieses Urteil alle Erscheinungsvorgänge; es gibt somit bei uns keinen anerkannten Erscheinungsort, lediglich empfohlene Gebetsstätten, z.B. Wigratzbad bei Wangen, Altötting, Heroldsbach bei Erlangen, Marienfried bei Pfaffenhofen, Sievernich bei Düren, Marpingen bei St.Wendel.

Zugegeben, die deutsche Kirche hat sich nie besonders bemüht um Prüfungen derartiger Phänomene. Wir neigen ohnedies eher zur Nüchternheit und haben zu mystischen Dingen kein so gutes Verhältnis. Als ich im Bischöflichen Ordinariat Trier um Prüfung der Marpinger Marienerscheinungen 1999 bat, war die Reaktion ablehnend, vielleicht auch aus einer Angst heraus, Opfer von Täuschungen zu werden. Immerhin ist es als Gebetsstätte anerkannt.

Ich bin keineswegs für eine übereilte oder inflationär anmutende Anerkennung von Erscheinungen, zumal es zu viele falsche gibt. Im vergangenen Jahr erhielt ich sechs Mails von Personen, die glaubten, mystische Jesusbegegnungen zu haben bzw. Botschaften des Himmels zu hören und mich baten, sie weiterzugeben. Allein schon die Fülle der oft banalen und theologisch fragwürdigen Botschaften sprach gegen jeden Hauch von Echtheit. Mitunter macht allein schon die aggressive Reaktion der vermeintlichen Seher nach einer Ablehnung alle Glaubwürdigkeit zunichte. Deshalb ist auch der sogenannte Demutstest ein weiteres Puzzle in der Echtheitsprüfung. Die oben erwähnte falsche Seherin erwies sich nach dem Gespräch als sehr ungehalten und aufmüpfig.

Wie gesagt: Kein vernünftiger Mensch wird sich freiwillig und mit fliegenden Fahnen der Gottesmutter in die Arme werfen, um deren Botschaften weltweit zu verbreiten; denn er muss mit erheblichen Ablehnungen, Unterstellungen, Verleumdungen

und Demütigungen rechnen. Ist er jedoch vom Himmel auser-
wählt, liegt ein schwerer Weg vor ihm; denn die nun folgenden
Prüfungen sind hart. Aus diesem Grund sind eine seelische
Stabilität und geistige Gesundheit sowie ein gerüttelt Maß an
Selbstkritik und Zweifel unbedingte Voraussetzungen dafür,
dass die Kirche den Vorgang überhaupt prüft. Die hl. Teresa
von Avila traute zunächst einmal keiner einzigen ihrer Visionen;
sie hielt sie für mögliche Täuschungen des Satans. Leicht-
gläubigkeit und übertriebene Frömmigkeit sind gefährliche Ei-
genschaften; aber der Himmel sucht sich andere Leute aus,
manchmal auch Ungläubige.

Akita (1973-1981)

ist eine Großstadt mit ca. 300.000 Einwohnern, auf Honshu,
der Hauptinsel von Japan. Sie liegt im Norden der Insel und ist
eine überwiegend ländliche Präfektur, in deren tiefer liegenden
Gebieten großflächiger Reisanbau das Landschaftsbild prägt.
Die Sake-Herstellung nimmt einen wichtigen Platz ein. Es gibt
eine Universität für Pädagogik und Kultur. 1970 wurde die
Fakultät für Medizin neu gegründet. Und seit 2004 hat sie eine
Internationale Universität.

Agnes Katsuko Sasagawa

wird am 28. Mai 1931 in einer buddhistischen Familie geboren.
Schon früh stellen sich gesundheitliche Probleme ein: Mit
neunzehn Jahren treten nach einer Rückenmarkinjektion Läh-
mungen ihrer Beine ein. Durch ein Buch über den katholischen
Glauben, das ihr eine Krankenschwester schenkt, bekehrt sie
sich und erhält den ersten Katechismus-Unterricht von einem
Salesianerpater. 1960 empfängt sie die Taufe und zwei Jahre
später tritt sie in das Kloster der Schwestern vom Unbefleckten Herzen Mariens in Junshin ein. Bei einem ihrer häufigen
Krankenhausaufenthalte fällt sie ins Koma und erhält das Sa-

krament der Krankensalbung. In diesem Zustand hat sie ihre erste Erscheinung. Dann 1964 stürzt sie so unglücklich im Bad, dass sie zehn Tage lang bewusstlos ist; als man ihr Lourdeswasser an die Lippen bringt, wird sie wach und die Lähmung ist verschwunden. Sie tritt 1969 dem Institut der Dienerinnen der Heiligen Eucharistie in Yuzawadai bei und verliert 1973 bei ihrer Arbeit in der Missionspfarrei Myookookoo-gawa plötzlich ihr Gehör. Kurz darauf hat sie eine weitere Erscheinung und erhält drei Botschaften von der Gottesmutter. Ihre Taubheit verschwindet 1974, aber nur für fünf Monate. Erst am Pfingstfest, dem 30 Mai 1982, während der eucharistischen Anbetung ist sie komplett geheilt. Sie hat die Wundmale Jesu an ihren Händen. Heute (2018) lebt sie zurückgezogen in der Nähe von Tokio.

Die Erscheinungen und die Zeichen

Während ihres Komas am 17.4.1960 betet sie in lateinischer Sprache – die sie nie gelernt hat - laut und vernehmlich für die am Bett stehenden Zeugen ein Vaterunser und Ave Maria. Sie tritt aus dem Koma heraus und berichtet von einer wunderschönen Gestalt, von einem Engel, der sie dasselbe Gebet lehrte, das ein Engel in Fatima den Seherkindern nannte: *„O mein Jesus, verzeih uns unsere Sünden. Bewahre uns vor dem Feuer der Hölle. Führe alle Seelen in den Himmel, besonders jene, die deiner Barmherzigkeit am meisten bedürfen!"*

Als sie am 12. Juni 1973 den Tabernakel in der Hauskapelle öffnet, tritt ein strahlendes Licht hervor. An vier weiteren Tagen wiederholt sich das. Jetzt sieht sie auch Engel, die die hl. Eucharistie anbeten.

Am Abend des 28. Juni verspürt sie stechende Schmerzen in der linken Handfläche, es entsteht eine Wunde in Form eines Kreuzes, zweimal drei Zentimeter lang. Das geschieht nun fünfmal insgesamt, immer donnerstags, mit Blutungen am Freitag, die dann gegen 15.30 Uhr aufhören.

Am 6. Juli 1973 wird sie nachts wach wegen großer Schmerzen. Dann hört sie eine Stimme: *„Hab keine Angst. Ich bin der, der an deiner Seite wacht. Komm und folge mir. Bete nicht nur für deine eigenen Sünden, sondern für die Wiedergutmachung der Sünden der Menschheit. Die Welt verwundet das heiligste Herz unseres Herrn durch ihre Undankbarkeit und Sakrilegien. Die Verletzungen der Hand der Heiligsten Jungfrau Maria sind tiefer als deine. Gehen wir zur Kapelle!"* Es war ihr Schutzengel, der sie begleitet und, angekommen in der Kapelle, verschwindet.

Schwester Agnes kniet nieder, dann schaut sie sich die Wunde in der Hand der Marienstatue an. Die Statue beginnt zu leuchten und Tränen fließen aus ihren Augen.

Dann hört sie eine sanfte Stimme, obwohl sie doch taub ist: *„Meine Tochter, meine Novizin, du hast alles aufgegeben. Ist es schmerzlich für dich, das behinderte Ohr? Es wird geheilt. Hab Geduld. Es ist die letzte Prüfung. Schmerzt die Wunde deiner Hand? Tue damit Buße für die Sünden der Menschheit. Betest du korrekt das Gebet der Dienerinnen der Eucharistie? Dann beten wir es gemeinsam."* Dann beten sie gemeinsam das Weihegebet der Dienerinnen der Eucharistie:

> Allerheiligstes Herz Jesu, gegenwärtig in der hl. Eucharistie, ich weihe meinen Körper und meine Seele, damit sie vollkommen eins werden mit deinem Herzen, das aufgeopfert wird auf allen Altären der Welt und um Gott Ehre zu geben, bittend um das Kommen deines Reiches. Erhalte dieses Demutsopfer meiner selbst. Verfüge über mich, wie du willst, für den Triumph des Vaters und die Errettung der Seelen. Heilige Mutter Gottes, lass es nicht zu, dass etwas von deinem göttlichen Sohn mich trennen möge. Verteidige und schütze mich als deine Tochter. Amen.

Zum Schluss sagt die Gottesmutter: *„Bete für den Papst, die Bischöfe und die Priester!"*

Am selben Tag noch blutet die Wunde in der rechten Hand der

Statue. Das Blut tropft nie bis zum Boden; es verschwindet kurz über dem Boden. Mehrere Zeugen bestätigen das, auch Bischof Ito prüfte den Vorgang.

Anderntags war es noch mehr Blut, und Sr. Agnes verspürte einen stechenden Schmerz an der Wunde ihrer Hand.

Am 27. Juli spricht der Engel zu ihr: *„Deine Schmerzen gehen heute zu Ende. Betrachte andächtig das Blut Mariens; ihre Wunde hat eine ganz besondere Bedeutung: Sie dient eurer Bekehrung; sie soll den Frieden erflehen und die Undankbarkeit, Beleidigungen, Ungerechtigkeiten und Überschreitungen tilgen, die Gott erhält. Verehrt das kostbare Blut Christi."*

Schließlich folgt eine neue Botschaft: *„Meine Tochter. Liebst du den Herrn? Dann höre, was ich dir sage. Du wirst es deinem Obern weitergeben. Viele Menschen beleidigen den Herrn, ich wünsche mir Menschen, die den Herrn trösten, um den Zorn des himmlischen Vaters zu besänftigen, ich will Seelen, die mit ihrem Leid und ihrer Armut die Undankbarkeit wieder gutmachen."*

„...viele Menschen betrüben den Herrn. Ich suche Seelen, um ihn zu trösten. Bringt eure Leiden Gott dar. ...Er will eine große Züchtigung über die Menschheit verhängen, die nur gemildert werden kann durch Akte des Opfers und Gebetes... Gebet und Buße können den Zorn des Vaters besänftigen."

Jetzt beginnt die Statue zu schwitzen; es ist eine Substanz, die nach Rosen, Lilien und Veilchen duftet. Der Bischof fängt einiges mit einem Gazetüchlein auf.

Die dritte Botschaft vom 13. Oktober 1973 soll sie auch ihren Oberen mitteilen: *„Wenn die Menschen nicht bereuen und sich bessern, wird eine große Strafe kommen, größer als die Sintflut.. Feuer kommt vom Himmel und löscht einen Großteil der Menschen aus. Die Überlebenden werden die Toten beneiden; die einzigen Waffen sind der Rosenkranz und das Zeichen, das der Sohn zurückgelassen hat (Eucharistie).... Die Priester, die den Rosenkranz beten, werden von ihren Mitbrüdern verspottet... Teuflische Machenschaften werden in die Kirche eindrin-*

gen, Kardinäle erheben sich gegen Kardinäle und Bischöfe gegen Bischöfe. Altäre und Kirchen wird man verwüsten; zahlreiche Priester und Ordensleute werden den Dienst am Herrn aufgeben... Wenn man weiter sündigt, wird es keine Vergebung geben...

Ich allein kann euch helfen, euch vor den Katastrophen zu bewahren, die näher rücken. Wer auf mich vertraut, bekommt Hilfe."

Sechs Jahre lang weint die Statue insgesamt 101 Mal. Auch der buddhistische Bürgermeister von Akita ist Zeuge und sehr ergriffen davon. Die Zahl 101 hat der Engel selber erklärt in einer Vision vom 28. September 1981. Er sagte: „*Durch eine Frau (1) kam die Sünde in die Welt und durch eine Frau (1) kam die Erlösung. Dazwischen steht die Gegenwart Gottes für alle Ewigkeit (0).*"

Bild 1: Ganzansicht der hölzernen Statue der Gottesmutter von Akita

Bild 2: Weinende Marienstatue in Akita

Am Ostersonntag 22. April 1984 hat Bischof Ito die Übernatürlichkeit der Vorgänge kirchlich anerkannt. Er sagte unter anderem: „Die Botschaft von Akita ist die Botschaft von Fatima." Kardinal Ratzinger, damals Präfekt der Glaubenskongregation, stufte 1988 die Botschaften als glaubwürdig ein.

Maria will uns für den Himmel retten

Die Botschaften von Akita erinnern deutlich an jene von Fatima und La Salette: Es sind Mahnungen, Warnungen, dringliche Bitten um Umkehr und Gebet. Ich höre manchmal von religiös praktizierenden Christen, dass sie angesichts solcher bedrohlichen Botschaften Probleme bekommen mit der Barmherzigkeit Gottes. In der Tat sind viele Aussagen der Gottesmutter auch an anderen Orten (Kibeho, Amsterdam) erschreckend. Und doch gibt es auch Tröstliches und Ermutigendes, etwa wenn sie den Sieg ihres Unbefleckten Herzens in Aussicht stellt, wenn sie ihren Schutz den Betern verspricht, wenn sie ihren Dank jenen sagt, die sich an Gott halten und ihm ihre Leiden aufopfern, wenn sie auf eine baldige Erneuerung der Kirche hinweist. Einmal sagte sie (das war in Medjugorje), sie müsse so drastisch und schockierend warnen, weil wir uns sonst in falschen Sicherheiten wiegen würden.

Viele angekündigte Katastrophen sind eingetreten, z.B. der Völkermord in Ruanda, die Weltkriege und die derzeit weltweite Christenverfolgung. Aber auch der Zerfall des Kommunismus war vorausgesagt. Und nun haben wir zweifellos den innerkirchlichen Aufstand Bischof gegen Bischof, Kardinal gegen Kardinal. Und einen offenkundigen „Ausverkauf" von Kirchen.

Immer wieder beklagt sie sich über den moralischen Verfall, über den Glaubensverlust und über die mangelnde Nächstenliebe.

In meiner Zeit als Oberstudienrat am Gymnasium sagte mir einmal ein Schüler: „Ich wollte Ihnen schon lange mal danke sagen dafür, dass Sie mit mir so konsequent, wenn auch hart waren. Ich war sauer auf Sie, besonders damals, wo Sie mir eine Klassenwiederholung angedroht hatten. Ich gebe zu, dass ich damals keine Lust hatte und Sie am liebsten auf den Mond geschossen hätte. Aber ohne Ihre Strenge und permanente Drohung hätte ich die Kurve nicht gekriegt. Dafür wollte ich nochmal danke sagen."

Ich denke, diese Erkenntnis mag reichen, die Pädagogik des Himmels ein bisschen zu begreifen.

- Beatrix Zureich: Akita. Jestetten2011
- Shimura Tasuyra: Die Jungfrau Maria weint in Japan. Hauteville 1985
- Teiji Yasuda: Die Gottesmutter von Akita. Ein Wunder in unseren Tagen. Tränen und Botschaften der Gottesmutter. Abensberg 1987 (3.Aufl)

Banneux (1933)

Auf einer kargen Hochebene in den belgischen Ardennen liegt Banneux, ein kleines Dorf, dessen Geschichte geprägt ist von der Armut seiner Bevölkerung. Es liegt in der Gemeinde Sprimont (14.000 Einwohner), südöstlich von Lüttich (Liège), 15 km von Verviers entfernt. Bis vor den Erscheinungen, die 1933 stattfanden, war die Region völlig unbedeutend. Heute ist Banneux ein viel besuchter Wallfahrtsort mit einer Heilquelle, einem Hospital für kranke und behinderte Pilger und einer großen Wallfahrtskirche. Jährlich reisen an die 500.000 Wallfahrer dorthin; auch Papst Johannes Paul II. besuchte 1985 die Gnadenstätte.

Die Erscheinungen

Mariette Bèco ist zwölf Jahre alt, das älteste von sieben Kindern einer armen Arbeiterfamilie, die am Waldesrand von Banneux in einem bescheidenen Arbeiterhaus lebt. Am 15. Januar 1933 schaut Mariette in Erwartung ihres Bruders aus dem Fenster und sieht dort im Garten eine strahlende Frauengestalt. Sie winkt ihr lächelnd zu. Auch ihre Mutter sieht diese Gestalt, jedoch undeutlich. Sie, die nie besonders fromm war, beginnt nun, den Rosenkranz zu beten. Die Frau

Bild 3: Seherin Mariette Beco

19

trägt ein langes, weißes Gewand mit einem blauen Gürtel und einem Kopfschleier.

Drei Tage später, am 18. Januar, kniet Mariette im Garten und betet den Rosenkranz. Da sieht sie erneut diese Frauengestalt; sie folgt ihr, als sich diese auf einer Wolke schwebend zu einer kleinen Quelle begibt. Mariettes Vater, der gerade mit einem Nachbarn vorbeikommt, hört seine Tochter sagen: *„Diese Quelle ist mir vorbehalten."* Dabei taucht sie ihre Hände in das Wasser.

Nun geht sie jeden Abend in den Garten, um zu beten. Am 19.1.1933 wird wiederum ihr Vater Zeuge, als sie sagt: *„Ich bin die Jungfrau der Armen"*. Wohlgemerkt, der Vater hört nicht die Stimme Mariens, sondern die Worte, die seine Tochter laut wiederholt. Anderntags bittet die Jungfrau um den Bau einer Kapelle an dieser Stelle.

Am 11. Februar sagt die Gottesmutter: *„Ich komme, das Leid zu lindern."*

Schnell spricht sich das Ereignis herum. Auch der Kaplan Jamin erfährt davon und erbittet sich von Mariette ein Zeichen der Muttergottes. Doch gibt diese lediglich zur Antwort:

„Glaubt an mich, und ich werde an euch glauben. Betet viel!" Mariette fragt sie: Wer sind Sie, schöne Dame? – *„Ich bin die Jungfrau der Armen"*. Mariette fragt weiter: Schöne Dame, gestern haben Sie mir gesagt: Diese Quelle ist mir vorbehalten. Warum mir? Mariette zeigt auf sich selbst. Mit einem deut-

Bild 4: Marienstatue in Banneux

lichen Lächeln antwortet die Jungfrau: *„Diese Quelle ist für alle Nationen. Für die Kranken."* Mariette bedankt sich und die Jungfrau erwidert freundlich: *„Ich werde für dich beten. Auf Wiedersehen."*

Am 2. März - es regnete stark - weint Mariette , weil nun die

Gottesmutter zum letzten Mal erscheint mit den Worten: *„Ich bin die Mutter des Heilands, die Mutter Gottes. Betet viel, lebe wohl!"*

Dann legt sie ihre Hände auf Mariettes Kopf. Der Vater, der das alles miterlebt, ohne jedoch die Gottesmutter zu hören oder zu sehen, hebt seine Tochter aus dem nassen Boden und bringt sie nach Hause.

Was geschah nach den Erscheinungen?

Bereits am 25. Mai 1933 wurde an der Erscheinungsstelle der Grundstein gelegt für die Gnadenkapelle.

Der Bischof von Lüttich schickte einen Bericht nach Rom. Und bereits am 22. August 1949 wurden die Echtheit der Erscheinungen ohne Abstriche anerkannt.

Am 8. Januar 1956, drei Tage nach dessen 80. Geburtstag, besuchen Georg Jacob und Louis Jamin, Kaplan von Banneux zum Zeitpunkt der Erscheinungen, Bundeskanzler Adenauer in seinem Rhöndorfer Wohnhaus. Dabei überreichen sie ihm eine Statue der Jungfrau der Armen und informieren ihn über die Bedeutung von Banneux. Konrad Adenauer tritt daraufhin spontan der Gebetsvereinigung bei. Auch wird mit dem Bau einer Michaelskapelle als internationales Versöhnungszeichen begonnen.

Die Segnung des Grundsteins übernimmt Konrad Adenauers Sohn, Prälat Paul Adenauer.

Am Nachmittag des 25. September 1960 wird auch die Glocke („Konrad-Maria") geweiht. Sie ist eine persönliche Spende von Bundeskanzler Adenauer. Am Michaelstag 1962 wird sie in einem Glockenturm gegenüber der Kapelle angebracht. Nach dem Tod Konrad Adenauers 1967 wird eine Gedenktafel mit Bronzebild in den Glockenturm eingelassen, um an seine Unterstützung für Banneux und an seinen Beitrag für ein geeintes Europa zu erinnern.

Nach den Angaben der Seherin wurde eine lebensgroße Keramikfigur der „Jungfrau der Armen" geschaffen. Weltweit fand sie Nachahmung. Im Angesicht dieser Statue fanden und finden immer noch Heilungen statt.

Mariette Béco, Mutter von drei Kindern, starb am 2. Dezember 2011 im Alter von 90 Jahren im Seniorenheim „Home de la Vierge des Pauvres" in Banneux.

- Graff/Förg/Scharnagl: Maria. Erscheinungen, Wunder und Visionen. Augsburg 1999
- Hierzenberger/Nedomansky: Erscheinungen und Botschaften der Gottesmutter. Augsburg1993
- Kevin Mc Clure: Beweise: Erscheinungen der Jungfrau Maria. Ulm 1987

Beauraing (1932-1933)

Beauraing (wallonisch Biarin) ist eine Gemeinde in der französischsprachigen belgischen Provinz Namur, die aus 15 Ortsteilen besteht mit insgesamt ca. 10.000 Einwohnern. Sie liegt ca. 60 Kilometer südöstlich von Brüssel. Vor den Erscheinungen war die Region unbedeutend; die Menschen leben von Metallverarbeitung und Maschinenbau, aber auch von der Porzellan- und Lederindustrie.

Heute gibt es neben der Basilika eine Kapelle und ein Marienmuseum, in dem Hunderte von Marienstatuen ausgestellt sind, sowie von den Seherkindern getragene Kleider, Fotos aus der Erscheinungszeit und andere sehr interessante Objekte. Einige Kilometer von Beauraing entfernt befindet sich die monastische Gemeinschaft vom See Tiberias.

Der Ort ist seit der kirchlichen Anerkennung 1949 zu einem Zentrum der Marienwallfahrt geworden mit einem vielfältigen seelsorgerlichen und spirituellen Angebot für Kranke, Jugendliche und Familien.

Die Erscheinungen

Am 29. November 1932 schwebt eine weißgekleidete Frau über der Lourdesgrotte des Internats der Schwestern von der christliche Liebe. **André** (15 Jahre) und **Gilberte Degeimbre** (9), **Fernande** (15), **Golberte** (13) **und Albert Voisin** (11) gehen gerade zum Internat; unterwegs haben sie sich den Scherz erlaubt, an Haustürklingeln zu läuten und wegzulaufen. Gerade als Albert eine Klingel zweimal drückt, dreht er sich zu den anderen um und schreit laut: „Schaut, die Jungfrau Maria geht über die Brücke!" Alle drehen sich um und

Bild 5: Seherkinder Andre, Gilberte Degeimbre, Fernande, Golberte und Albert Voisin

sehen eine strahlende Gestalt, die ca 50 cm über der Brücke schwebt. Die Kinder bekommen Angst und rennen zur Schule, um Einlaß zu bekommen.

Als die Nonne, die ihnen die Tür öffnet, auf die Erscheinung hingewiesen wird, hält sie das für ein Hirngespinst; denn sie sieht nichts.

Natürlich ernten alle Kinder bei ihren Familien, Mitschülern und bei den Internatsschwestern Ablehnung und teilweise Empörung über diese Lügen.

Bild 6: Votivkapelle in Beauraing

Die Kinder aber gehen nun jeden Abend zum Ort der Erscheinung und haben bis zum 3.1.1933 insgesamt 33 Erscheinungen. (An manchen Tagen zwei.)

Bei der dritten Vision fallen sie gleichzeitig so heftig auf ihre Knie, dass sie Verletzungen hätten haben müssen. Aber da war nichts. Sie beten den Rosenkranz und sehen die Dame zum ersten Mal von vorne: etwa 18 Jahre alt, Füße nicht sichtbar, Augen blau, rosa Teint, dunkle Augenbrauen. Auch die Mütter beider Familien sind anwesend, sehen aber nichts und suchen die Sträucher ab, um irgendetwas zu finden, auf das die Kinder so gebannt schauen.

Die Eltern der Kinder, politisch liberal orientiert, zeigten zunächst wenig Verständnis für die Geschehnisse. Mutter Degeimbre war zornig über die Lügen ihrer beiden Kinder und verwies sie vom Tisch.

Der Pfarrer nimmt eine abwartende und gelassene Haltung ein, derweil die Internatsleiterin Sr. Théophile das Gelände absperrt und sogar droht, Hunde loszulassen, wenn noch einmal die Kinder ins Internatsgelände kommen, um ihre Phantasien zu feiern.

Am 8. Dezember besuchten die beiden Mütter die hl. Messe in der Erwartung, Klarheit zu bekommen. Sie wußten, dass an diesem Tag eine Erscheinung stattfinden würde, weil dies die Gottesmutter den Kindern angekündigt hatte. Tatsächlich kommt die Gottesmutter; doch gibt es keinerlei Botschaften. An diesem Tag finden sich auch sehr viele Ärzte und andere Beobachter ein – Dank der Initiative eines Notars.

Die Gottesmutter bewegt sich zum Neubau, wo die Schwestern wohnen, und bleibt in einem Rotdornbusch stehen. Sie öffnet ihre Hände, lächelt und verschwindet. Am Abend kommt sie wieder und sehr viele Menschen sind versammelt. Die Gottesmutter bleibt während des Rosenkranzgebetes anwesend. Das nutzen die Ärzte aus (es sollen sechs Ärzte sein, die die Kinder getrennt befragen) und unterziehen die Kinder verschiedenen Experimenten: sie halten ein brennendes Streichholz unter die Hand, sie stechen mit einer Nadel in die Haut und leuchten mit einer Taschenlampe in die Augen. (Das sind typische Tests, wie sie auch in Medjugorje und Marpingen durchgeführt wurden.) Aufgrund ihres ekstatischen Zustandes verspüren die Kinder keinerlei Schmerzen. Andreas Resch erwähnt auf seine Webseite Imago Mundi, dass im Verlauf der Befragungen an die 100 Ärzte anwesend waren.

Ab der 11. Erscheinung trennt man die Seher sofort nach der

Vision, um sie auszufragen und mögliche Absprachen zu erkennen. Doch es gibt keinerlei Hinweise auf Betrug oder psychisch bedingte Abnormalitäten.

Schließlich gibt die Madonna am 23. Dezember den Auftrag: *„Ich möchte, dass hier eine Kirche gebaut wird, so dass die Menschen hierher wallfahren können."* Am 29. Dezember sagt sie zu Fernande: *„Bete, bete viel!"* Und: *„Morgen werde ich jedem von Euch etwas Besonderes sagen."*

Am 3. Januar kommt sie zum letzten Mal, um das Geheimnis anzuvertrauen. Albert wird es nie verraten; während seine Schwester Gilberte hört: *„Ich werde die Sünder bekehren!"* Und zu André: *„Ich bin die Königin des Himmels und die Muttergottes. Ich bin die Unbefleckte Jungfrau. Bete immer!"* Zu Fernande: *„Liebst du meinen Sohn? - Liebst du mich?... Dann opfere dich für mich auf!"*

„Adieu" ruft sie dann und entschwindet mit einem Herz, von Lichtstrahlen umgeben, auch ihr Kopf ist von goldenen Strahlen umrandet. Später beschreibt Gilberte Degeimbre das Aussehen der Gottesmutter so: Sie trug ein weißes Kleid mit Rundfalten. Eine Wolke bedeckte ihre Füße; ihre Hände waren gefaltet, und ein blauer Schleier reichte von der linken Schulter hinab bis zum Ende des Kleides. Am rechten Ellbogen sah man einen Rosenkranz. (Bei Kevin McClure heißt es, dass Albert Voisin sie ohne Rosenkranz sah. S.125.) Zuletzt sah man ein goldenes Herz auf ihrer Brust mit goldenen Strahlen. Ihre Augen waren übrigens blau.

Zeichen

Immer wieder fällt auf, dass anwesende Tiere, die sonst sehr lebhaft oder gar aggressiv sind, während der Erscheinungen völlig still sind, so auch in La Salette. Auch hier waren die Hunde der Sr. Théophile brav wie sonst nie. Mir ist das auch in Marpingen/Saarland aufgefallen: Als die Erscheinung kam, hörte der Nachbarhund mit seinem ständigen Gebell auf, sogar die

Vögel im Wald waren still. Nach der Erscheinung ging das Bellen und Zwitschern wieder los. Ein Reporter des „Spiegel", der neben mir stand, wies mich darauf hin.

Mehrfach fielen die Kinder wie auf Kommando gleichzeitig auf die Knie, was ein lautes Knacken erzeugte, sodass die Umstehenden fürchteten, die Kinder könnten sich verletzt haben. Dem war aber nicht so. Sie sagten: Wir fielen wie auf Kissen.

Betrug oder Wunschdenken der Kinder?

Beauraing ist nicht unumstritten. Nicht alle Seherkinder zeigten während der Erscheinungen ekstatische Zustände. Zwei Kranke, die von Albert mitgenommen wurden, erfuhren keine Heilung; manche Erscheinung lief wortlos ab zur Enttäuschung der Umstehenden. Und dann soll angeblich Fernande Voisin Zeichen gegeben haben zum Niederknien vor der Erscheinung..., das alles weckte bei manchen Anwesenden Zweifel.

Und doch war man wieder überrascht über das synchrone Verhalten der Kinder während der Erscheinungen; sie wurden getrennt und genau beobachtet. Diese verblüffende Übereinstimmung im Verhalten ist nicht erklärbar und hat dann doch wieder versöhnliche Reaktionen geweckt.

Die Zeit danach

Alle fünf Seher haben geheiratet; ein Klostereintritt, den einige erwogen, war ihnen nach den negativen Erfahrungen mit der aggressiv reagierenden Sr. Théophile nicht mehr möglich. Die jüngste Seherin, Gilberte Degeimbre, bekam zwei Söhne, lebte 47 Jahre in Italien, besuchte Beauraing immer wieder, um beim Rotdornbusch zu beten. Sie starb am 10. Februar 2015 im Alter von 91 Jahren nach längerer Krankheit und liegt in Beauraing begraben.

Nach kirchlichen Angaben sind bisher zwei medizinisch unerklärliche Krankenheilungen dokumentiert, die sich auf Beauraing beziehen. Schätzungen zufolge sollen jährlich zwischen

250.000 und 300.000 Pilger den Ort der Erscheinungen besuchen.

- http://www.imagomundi.biz/resch/andreas-resch-marienerscheinungen-von-beauraing
- Höcht, Joh. Maria: Die Wahrheit über die belg. Muttergotteserscheinungen und außergewöhnlichen Heilungen: Baeuraing, Onkerzele, Banneux. Grünewald 1934
- McClure, Kevin: Beweise. Erscheinungen der Jungfrau Maria. München 1987

Betania (1976-1988)

Im Bundesstaat Miranda in Venezuela liegt das kleine Örtchen Finca Betania, 65 km von Caracas entfernt. Auf der Autobahn von Caracas nach Charallave macht man einen Abstecher in die Stadt Cua. Dort befindet sich diese heutige Wallfahrtsstätte, ein Gebiet von kleinen Hügeln, geschmückt mit tropischer Vegetation.

Der Name dieser Farm lautete ursprünglich Bethany und wurde als Ort des Gebets von der Muttergottes selber empfohlen, so dass die Seherin ihn kaufte. Es ist ein paradiesischer Ort mit klaren Gewässern, an dem Zuckerrohr und Obst angepflanzt wurde. Der Besitzer, ein evangelikaler Christ, hatte das zwanzig Hektar große Land erworben, um dort mit seinen Glaubensbrüdern zu beten und kollektive Taufen durch Untertauchen im Fluss durchzuführen. Daraus schloss die Seherin, dass dieser Ort ganz den Wünschen der Gottesmutter entsprach, und kaufte ihn 1974. Dort an der Grotte hatte sie auch ihre Erscheinungen.

Die Seherin

Maria Esperanza de Bianchini wurde 1928 in San Rafael im Bundesstaat Barrancas geboren. Im Alter von fünf Jahren sah sie in Bolivar eine lächelnde Dame über dem Fluss Orinoco. Sie übereichte dem Kind eine Rose. Es war eine rote Rose mit einer Samtstruktur. Das Kind gab sie dann seiner Mutter, die erstaunt war, weil es keine Rosen in der Nähe gab. Erst viel später erkannte sie in der Dame die hl. Therese von Lisieux, die einmal gesagt hatte: „Nach meinem Tod will ich Rosen regnen lassen."

Bild 7: Seherin Maria Esperanza Branchini

Im Alter von 12 Jahren litt sie unter einer akuten Lungenentzündung, sodass ihr Arzt ihr keine drei Tage mehr gab. Sie betete und wartete auf eine Antwort. Als sie ihre Augen öffnete, lächelte die Jungfrau sie an und empfahl ihr ein bestimmtes Medikament, durch das sie auch geheilt wurde.

Sie war immer wieder krank, schwankte aber nie im Glauben; ja sie bat Jesus darum, sterben zu dürfen, um keine Last mehr für ihre Familie zu sein. Da sah sie auf einmal das Herz Jesu mit tropfendem Blut und hörte die Worte: *„Meine weiße Rose der Liebe".*

Doch starb sie keineswegs, sondern wurde geheilt und vorbereitet auf ein Leben voller Prüfungen. *„Meine Tochter, wenn du deine Pilgerfahrt beginnst, wirst du viele Leiden haben... Hilf mir, diese Welt zu retten, die vom Weg abkommt."*

Maria Esperanza hatte schon in ihrer Jugendzeit mystische Fähigkeiten, Charismen, so die Gabe der Heilung und der Herzensschau.

1954 trat sie in ein Kloster ein. Dort erschien ihr am 3. Oktober die hl. Therese von Lisieux und warf ihr abermals eine Rose zu; doch beim Auffangen spürte sie in ihrer rechten Hand Blut. Sie hatte die Wundmale Jesu (Stigmata). Dabei vernahm sie die Worte: *„Das ist nicht deine Berufung* (Nonne zu sein*). Deine ist es, Ehefrau und Mutter zu sein."*

Am 7. Oktober 1954 (Festtag Unserer Liebe Frau vom Rosenkranz) erhielt Maria Esperanza folgende Botschaft von der Gottesmutter: *„Zusätzlich zu täglicher Kommunion, zu Fasten und*

Gebet sollst du in der Einsamkeit bleiben. Ich komme am 12. Oktober wieder, damit du dich vorbereiten kannst, eine geistige Mutter der Seelen zu sein... Außerdem sollst du die Mutter von sieben Kindern sein: sechs Rosen und eine Knospe."

Im gleichen Jahr hatte sie eine Vision von einem schönen Stück Land in Venezuela, das einmal ein Ort des Gebets werden sollte. Ein blauer Schmetterling wäre das Erkennungsmerkmal.

Eines Tages sah sie die Erscheinung eines Mannes, der eine grün-weiß-rote Fahne hielt; da wusste sie, dass ihr zukünftiger Ehemann ein Italiener sein würde. Bald darauf verkündete eine Erscheinung von Johannes Bosco ihr, dass sie ihren zukünftigen Ehemann am 1. November 1955 treffen würde. Und so war es in Rom, vor der Kirche des Heiligen Herzens Jesu. Dort traf sie Geo Bianchini. Sie heiratete ihn am 8. Dezember 1956, hatte mit ihm sieben Kinder. Kurz darauf erschien ihr die Gottesmutter mit dem Auftrag, die in der Vision gezeigte Farm nun zu erwerben. Und dort tauchte auch der geheimnisvolle blaue Schmetterling auf.

Weitere Erscheinungen und Botschaften

Am 25.März 1976, dem Fest der Verkündigung Mariens, sind etwa 80 Personen in der Finca Betania versammelt und beten. Da erscheint die Gottesmutter, die sich *„Maria, Versöhnung der Völker und Nationen"* nennt. Maria Esperanza ist die einzige, die sie sehen kann; die anderen sehen eine Wolke, die aus dem Wald schwebt, und eine sonderbare Sonnenbewegung. Jetzt werden auch die Wundmale bei Esperanza sichtbar. Am 25. März 1984 finden sieben aufeinanderfolgende Erscheinungen statt, die ca. 150 Personen miterleben. Das ist der Grund für intensive Untersuchungen durch den Ortsbischof.

In den Tagen und Monaten nach der ersten Erscheinung sehen Hunderte von Menschen die Mutter Gottes in Betania. Sie erscheint als die Jungfrau der Wundermedaille und für andere als die Jungfrau von Lourdes. Sie sehen sie am häufigsten als eine Art lebendige Marmorstatue oder als eine Manifestation, die in leuchtendem Licht, Rauch oder Wolken gebildet wird. Die Sonne pulsiert wie in Fatima, zusammen mit einem blauen Schmetterling, der aus der Grotte kommt.

Pilger erzählen von funkelnden Ausstrahlungen des Himmels und von seltsamen Lichtern. Ein riesiges Kreuz taucht über dem Berg auf; es gibt mehr als tausend Heilungen.

Eucharistisches Wunder

Am 8. Dezember 1991, dem Tag der Unbefleckten Empfängnis Mariens, feiert der Kaplan Otty Ossa die hl. Messe in der Kapelle des Heiligtums. Während er die Hostie bricht, sieht er plötzlich einen roten Fleck darauf, der sich ausbreitet. Er bewahrt die Hostie auf und sieht anderntags nochmals das Blut fließen, bis es kurz darauf trocknet. Die Hostie ist heute noch zu sehen, völlig frisch; auffallend ist, dass das Blut nicht durch die Hostie drang.

Bischof Pio Bello lässt sie untersuchen: „Ich habe eine wissenschaftliche Untersuchung durchführen lassen von einem Labor in Caracas, das völlig vertrauenswürdig ist. Es hat definitiv bewiesen, dass die Substanz, die aus der Hostie austritt, menschliches Blut ist."

Die Hostie wird in Los Teques im Kloster der Augustiner zur Anbetung aufbewahrt.

Die Zeit danach

Es gab viele Heilungen. Maria Esperanza reiste durchs Land und verbreitete die Botschaft der Versöhnung und Einheit. 1995 verlieh die Stadt Caracas ihr den *Cecilio Acosta*-Preis (kath. Schriftsteller in Venezuela 1818-81, nach ihm ist der Preis und eine Universität benannt), um ihren Einsatz für die Glaubensförderung zu ehren.

Am 21. November 1987 erklärt Bischof Pio Bello in einem Hirtenbrief die Erscheinungen von Betania für authentisch und übernatürlich.

Maria Esperanza starb in einem New-Jersey-Krankenhaus im Alter von 77 Jahren am 7. August 2004 nach einem langen Kampf mit einem parkinson-ähnlichen Leiden. Unmittelbar nach ihrem Tod bemerkten zahlreiche Einzelpersonen einen starken Duft von Rosen. 2010 wurde der Prozess zu ihrer Seligsprechung eröffnet.

- http://www.mariaesperanza.org/apariciones-en-finca-betania/ (abgerufen am 4.3.2018)
- www.mysticsofthechurch.com/.../maria-esperanza-modern-day-m... (abgerufen am 4.3.2018
(keine deutschsprachige Literatur gefunden)

Champion (1859)

Im ländlichen Brown County im US-Bundesstaat Wisconsin liegt der Ort Champion mit dem „Heiligtum unserer lieben Frau von der guten Hilfe", nahe am Michigansee, 26 km entfernt von Green Bay. Im Internet finden Sie diesen Ort nur unter dem Namen Robinsonville, weil Champion nur eine Teilregion darstellt. Der Ort ist schon seit langem ein beliebter Wallfahrtsort. Sowohl körperliche Heilungen wie auch Bekehrungen sind dokumentiert, auch dass 1871 ein Feuersturm die Kirche verschont hat, wird von den Gläubigen als Wunder verstanden.

Bild 8: Unsere Frau von der Guten Hilfe

Die Gottesmutter war 1859 der 28-jährigen **Adele Brise** erschienen, die vier Jahre zuvor mit ihrer Familie aus Belgien eingewandert war. Das Mädchen hatte noch in Belgien durch einen Unfall ein Auge verloren, brachte nur wenig Bildung mit, war von Herzen fromm und hatte das Versprechen abgelegt, in einen Orden einzutreten.

Bild 9:
Sr. Adele Brise

Es geschieht am 9. Oktober 1859,

als Adele Brise auf dem Weg zu einer Schrotmühle zwischen zwei Bäumen einer weißen Dame begegnet mit einer gelben Schärpe um ihre Taille. Sie trägt eine Sternenkrone, ihr langes Haar liegt bis auf ihre Schultern, umgeben von hellem Licht. Ihre Haare sind kastanienbraun. Adele erschrickt, weiß diese Erscheinung nicht einzuordnen.

Bild 10: Unsere Frau von der Guten Hilfe, Wisconsin USA

Zu Hause berichtet sie davon, und man vermutet eine arme Seele, die Gebete braucht. Am folgenden Sonntag sieht sie, begleitet von ihrer Schwester und einer Nachbarin, wieder diese Frau, die kein Wort sagt. Auf Anraten ihres Beichtvaters stellt sie nun bei der dritten Erscheinung die Frage, wer sie sei. Und die Dame antwortet: *Ich bin die Königin des Himmels, die für die Bekehrung der Sünder betet, und ich wünsche, dass du das gleiche tust. Leg eine Generalbeichte ab und biete Gott deinen Kommunionempfang für die Bekehrung der Sünder an. Wenn sie nicht umkehren und Buße tun, wird mein Sohn sie bestrafen.*

Die begleitenden Personen sehen nichts, hören nur die Worte von Adele. Während sie alle hinknien, schaut die Dame freundlich auf sie herab und sagt: *Selig, die nicht sehen und doch glauben.*

Und dann folgt die Bitte der Gottesmutter an Adele: *Sammle die Kinder in diesem wilden Land und lehre sie, was sie für ihr Seelenheil wissen müssen... Lehre sie den Katechismus und das Kreuzzeichen und die Sakramente. Geh, hab kein Angst, ich helfe dir.*

Dann hebt sie ihre Hände und entschwindet nach oben.

Bau einer Kapelle und Unterrichtung der Kinder

Der Vater von Adele Brise baute noch im gleichen Jahr eine Holzkapelle am Erscheinungsort. Später konnte man eine größere Kirche errichten auf einem gespendeten fünf Hektar großen Land. Sie wurde „Unserer Lieben Frau von der guten Hilfe" geweiht. Da sie bald die vielen Pilger nicht mehr fassen konnte, wurde dann endlich 1880 eine noch größere Ziegelkapelle gebaut, ebenso ein Kloster und eine Schule mit dem Namen „St. Mary`s Academie".

Adele Brise fing trotz ihrer geringen Schuldbildung an, die Kinder zu unterrichten, ganz nach dem Wunsch der Gottesmutter. Als dann 1871 das große Chicago-Feuer wütete, blieb die Kapelle verschont.

Am 5. Juli 1896 stirbt Adele Brise an der Kapelle. Der Bischof von Green Bay erkennt die Echtheit der Erscheinungen an; somit ist Champion seit dem 8. Dezember 2010 der bislang einzig anerkannte Erscheinungsort in den USA.

Keine Literatur gefunden

- https://de.zenit.org/articles/marienerscheinungen-in-den-usa-ortsbischof-bestatigt- glaubwürdigkeit/

Bild 11: Kirche Wisconsin USA

Dietrichswalde (1877)

liegt in der polnischen Wojewodschaft Ermland-Masuren, 18 km von Allenstein (heute Olsztyn) entfernt. Der Ort war zum Zeitpunkt der Erscheinungen 1877 deutsch; es herrschte der Kulturkampf in Preußen. Eigenartigerweise findet man im Ort keinen Hinweis auf die politischen Umstände; das Thema wird verdrängt. Nach dem zweiten Weltkrieg kam Dietrichswalde zu

Bild 12: Basilika Gietrzwald (Dietrichswalde)

Polen (Potsdamer Abkommen) und nennt sich heute Gietrzwald. Als Polen noch Königreich war, wurde dort bereits das mittelalterliche Gnadenbild verehrt, das in der Basilika steht. Es ist eine Kuriosität, dass die Pilger heute dieses sehr schöne Marienbild aufsuchen und nicht etwa das Marienhäuschen an der heute verkehrsreichen und lauten Erscheinungsstelle. Hier wird deutlich, dass die Vergangenheit noch nicht gänzlich verarbeitet ist. Es verwundert auch nicht, dass der Wallfahrtsort bei den Deutschen weitgehend unbekannt ist, immerhin der einzig anerkannte Erscheinungsort in Ostpreußen, wenngleich zur Zeit der Erscheinungen in deutscher Hand.

An der Kapelle befindet sich eine Heilquelle, die im Ruf steht, Menschen zu heilen.

Maria erschien 160 mal

in der Zeit zwischen dem 27. Juni und 16. September 1877 den beiden Kindern **Justyna Schaffrinski (**13 Jahre) und **Barbara Samulowski (**12 Jahre), und zwar sitzend, von Engeln umgeben, in einer lichten Wolke, manchmal mit Krone und Jesuskind. Sie spricht sie in polnischer Sprache an.

Als sich Justyna in Begleitung ihrer Mutter vom Erstkommunionunterricht im Pfarrhaus nach Hause begibt, sieht sie plötzlich an einem Ahornbaum eine Frau auf einem goldenen Thron mit einem kleinen Engel neben ihr. Weder ihre Mutter noch herbeigerufene Zeugen vermögen etwas zu sehen. Nur noch ihre Freundin Barbara kann die Erscheinung sehen und mit ihr sprechen.

Die beiden Kinder stellen der himmlischen Frau verschiedene Fragen, auch im Auftrag der umstehenden Erwachsenen. Dabei gibt sie sich zu erkennen als die Jungfrau Maria. Sie fordert zum Rosenkranzgebet auf, bittet um den Bau einer Kapelle und verspricht Heilungen. Auch prophezeit sie die Wiederbesetzung der Pfarreien, die infolge des Kulturkampfes verwaist sind. Seltsamerweise ist von den vielen Botschaften so gut wie nichts bekannt. Recherchen sind mühsam und unergiebig. Überliefert wird der Satz Mariens: *„Trauert nicht, ich bin immer bei euch!"* (So zu lesen in der Kevelaer Enzyklopädie: www.blattus.de/spuren/dietrichswalde.html).

Und wie bei allen Erscheinungen haben die Kinder zu leiden. Sie werden von ihren Familien getrennt und ins Kloster nach Heilsberg und Kulm, später nach Pelplin gebracht; die Behörden strengen gegen sie und andere Gerichtsverfahren an. Man vermutet nationalpolitische Hintergründe. Erst ein positiver Bericht des Bischofs und einer Ärztekommission machte dem Misstrauen ein Ende.

Die Seherinnen

Justyna Schaffrinski (oder Szafrynska) war eine Halbwaise aus dem nahen Mühlengehöft Neumühl (heute Nowy Mlyn), Barbara Samulowski kam aus Woritten (heute Woryty). Beide entstammten armen ermländischen Familien. Sie traten später in die Kongregation der Barmherzigen Schwestern in Kulm an der Weichsel ein. Während Barbara als Sr. Stanislawa 1950 in Guatemala starb, lebte Justyna zwanzig Jahre im Kloster, trat dann 1897 aus und heiratete 1899 in Paris einen Raymond Etienne Bigot. Bis 1904 lebten sie in Malakoff nahe Paris. Danach verliert sich ihre Spur.

Die Anerkennung

Im Jahr 2005 wurde in Dietrichswalde eine Kommission eingesetzt, die die Seligsprechung für Barbara einleiten soll. Die Heilung einer jungen Ordensfrau aus der Dominikanischen Republik wird auf ihre Fürbitte hin zurückgeführt. Es gilt abzuwarten, wie Rom reagieren wird.

Bezüglich der Anerkennung der Erscheinungen hielt sich das zuständige Ordinariat in Frauenburg bedeckt, eher ablehnend. Erst zur Hundertjahrfeier 1977 erfolgte durch den Ortsbischof Joseph Splinter und unter Kardinal Wojtyla (den späteren Papst Johannes Paul II.) die kirchliche Anerkennung.

Zentrum der Wallfahrt ist heute noch das Gnadenbild, das aber schon lange vor den Erscheinungen 1877 dort stand.

- http//www.blattus.de/spuren/dietrichswalde.html
  (abgerufen 7.März 2018)
- Hierzenberger/Nedomansky: Erscheinungen und Botschaften der Gottesmutter. Augsburg 1993

Fatima (1917)

Neben Lourdes ist Fatima der bekannteste Erscheinungsort der Neuzeit. Kaum ein Geschehnis hat soviel Aufsehen erregt, soviel Zeugen gehabt. Ein kleines Dorf, 125 km nordöstlich von Lissabon, wurde seit dem 13.Mai 1917 aus seinem Schlaf geweckt; und wieder waren es ungebildete Hirtenkinder aus armen Familien, die die Welt in Aufregung versetzten. Heute ist Fatima eine Stadt mit ca 12.000 Einwohnern; sie gehört zum Distrikt Santarém und zum Bistum Leiria.

Erscheinungen des Engels

Mitten im Weltkrieg, es war im Frühjahr 1916 (Hierzenberger erwähnt das Jahr 1915), hüten die Geschwister Jacinta (7 Jahre) und Francisco Marto (9) sowie deren Cousine Lucia dos Santos (10) die Schafe ihrer Familien in jenem Landstrich, der Cova da Iria (Tal des Friedens) heißt. Sie beten den Rosenkranz. Plötzlich sehen sie eine Lichtgestalt über den Bäumen schweben. Ein schöner junger Mann tritt hervor mit den Worten:

„Fürchtet euch nicht. Ich bin der Engel des Friedens. Betet mit mir!" Und er lehrt sie das Gebet: *„Mein Gott, ich glaube an dich, ich bete dich an, ich hoffe auf dich, ich liebe dich. Ich bitte um Verzeihung für die, die nicht glauben, nicht anbeten, nicht hoffen und dich nicht lieben."* Und fügte hinzu: *„So sollt ihr beten. Die Herzen Jesu und Mariens hören auf eure Bitten."*

Als die Kinder später im Hof der Dos Santos spielten, erschien ihnen abermals der Engel mit den Worten: *„Betet viel... Bringt alles, was ihr könnt, Gott als Opfer dar, als Akt der Wiedergutmachung für die Sünden... Ich bin der Engel Portugals. Tragt die Leiden, die der Herr euch schicken wird."*

Am Hügel des Cabaco, als die Kinder ihr Herden hüteten, kam der Engel zum dritten Mal; er hielt einen Kelch in der Hand, darüber schwebte eine Hostie, von der Blut in den Kelch tropfte. Dann betete er:

Bild 13: Seherkinder von Fatima

„Heiligste Dreifaltigkeit, Vater, Sohn und Heiliger Geist, ich opfere euch auf den kostbaren Leib, das Blut, die Seele und die Gottheit unseres Herrn Christus, gegenwärtig in allen Tabernakeln der Welt, zur Sühne für die Schmähungen, Sakrilegien und Gleichgültigkeiten, durch die er beleidigt wird. Durch die unendlichen Verdienste seines heiligsten Herzens und durch die des Unbefleckten Herzens Mariens erflehe ich von euch die Bekehrung der armen Sünder."

Dann gab er den Kindern die hl. Kommunion, wiederholte noch dreimal das Gebet und verschwand.

Die Gottesmutter erscheint

Es ist Sonntag, der 13. Mai 1917. Die Kinder hüten die Tiere wie immer am Berg Cabaco, also in der Cova da Iria. Da blitzt es zweimal. Da die Kinder ein Gewitter befürchten, wollen sie die Tiere nach Hause treiben. Doch über einer Eiche ist ein heller Lichtschein zu sehen und darin eine schöne Dame. Ihr Kleid ist strahlend weiß; sie hält einen Rosenkranz in ihren Händen. *„Fürchtet euch nicht,"* sagt sie. Dann bittet sie die Kinder, an jedem Dreizehnten der folgenden sechs Monate an dieser Stelle zu sein. Dann wird sie ihren Namen nennen und ihr Anliegen. *„Betet täglich den Rosenkranz für den Frieden der Welt und das Ende des Krieges!"* Nach diesen Worten entschwindet sie in den Himmel.

Am 13. Juni finden sich die Kinder an der Erscheinungsstätte ein und sehen nach zweimaligem Blitzen oberhalb der Eiche die schöne Dame wieder. Inzwischen haben sich viele Neugierige eingefunden, die mit den Kindern den Rosenkranz beten. Die Dame bittet die Kinder, täglich den Rosenkranz zu beten und lesen zu lernen. Sie erwähnt den baldigen Tod von Jacinta und Francisco und dass Lucia noch auf der Erde bleiben wird. Dann sehen sie in der rechten Hand der Dame ein dornenumkröntes Herz.

Später werden sie begreifen, dass dies das „Unbefleckte Herz Mariens" ist, das Sühne erbittet für die Sünden der Menschheit.

Die Erwachsenen, die mitgehen, sehen nichts; man glaubt den Kindern nicht und sie werden heftigen Verhören unterzogen. Es ist die Zeit eines kirchenfeindlichen Regimes.

Und allmählich begreifen die Kinder, welche Leiden auf sie zukommen werden.

Dann kommt der 13. Juli. Dreitausend Personen finden sich ein. Die Dame bittet zum wiederholten Mal um den täglichen Rosenkranz; sie kündigt an, dass sie im Oktober ihren Namen preisgibt und ein Wunder wirkt, damit alle glauben. Nun folgt eine Art Höllenvision: die Kinder sehen Teufel und Seelen in einem Feuer schwimmen, heulend vor Schmerz und Verzweiflung. Nach dieser Vision sagt sie:

„Ihr habt die Hölle gesehen, wohin die Seelen der armen Sünder kommen. Um sie zu retten, will Gott die Andacht zu meinem Unbefleckten Herzen begründen. Wenn man tut, was ich euch sage, werden viele Seelen gerettet, und es wird Friede sein. Der Krieg geht zu Ende: Wenn man nicht aufhört, Gott zu beleidigen, wird unter dem Pontifikat Pius XI. ein anderer, schlimmerer Krieg beginnen. Wenn ihr eine Nacht von unbekanntem Licht erhellt seht, dann wisst, dass dies das große Zeichen ist, dass Gott die Welt bestrafen wird durch Krieg, Hunger, Verfolgung der Kirche und des Heiligen Vaters. Um dies zu verhindern, erbitte ich die Weihe Rußlands an mein Unbeflecktes Herz und die Sühnekommunion an den ersten Samstagen des Monats. Wenn man auf mein Bitte hört, wird Rußland sich bekehren, und es wird Friede sein. Wenn nicht, wird es seine Irrlehren verbreiten und Kriege entfachen; der Papst wird viel leiden, verschiedene Nationen werden vernichtet. Am Ende aber wird mein Unbeflecktes Herz triumphieren. Der Heilige Vater wird mir Rußland weihen. Es wird sich bekehren und der Welt eine Zeit des Friedens geschenkt werden. Portugal wird immer an der Glaubenslehre festhalten. Sagt niemandem etwas davon.“

„... wenn ihr den Rosenkranz betet, sagt nach jedem Gesätz: O mein Jesus, verzeih uns unsere Sünden, bewahre uns vor dem Feuer der Hölle, führe alle Seelen in den Himmel, besonders jene, die deiner Barmherzigkeit am meisten bedürfen.“

Dann teilt sie ihnen noch Geheimnisse mit, die die Kinder lange Zeit geheimhalten werden.

Am 13. August pilgern 18.000 Menschen zur Steineiche, wo die Erscheinungen immer stattfinden. Die Kinder aber fehlen, weil sie vom Kreisvorsteher eingesperrt wurden. Die Menschenmenge sieht einen Blitz und dann die Wolken in den Regenbogenfarben.

Am 19. August bittet die Gottesmutter um Gebet für die Seelen der Sünder und um den Bau einer Kapelle. Sie verspricht, im Oktober ein Wunder zu wirken, das alle sehen können. Und abermals bittet sie um Gebete für die Sünder, *„denn viele Seelen kommen in die Hölle, weil sich niemand für sie opfert und betet."*

Bild 14: Basilika Unserer lieben Frau vom Rosenkranz

Am 13. September müssen sich die Kinder mühsam durch die Menschenmenge bis zur Eiche kämpfen; die Menge bedrängt sie; viele bitten um Heilung. Dann kommt der Blitz und die Dame erscheint. Sie kündigt für den Oktober auch das Erscheinen ihres Sohnes an und das versprochene Wunder. Dann erhebt sie sich in Richtung Himmel.

Das Sonnenwunder

Dann am 13. Oktober 1917 geschieht das Unglaubliche: Trotz strömenden Regens finden sich 70.000 Menschen ein, darunter auch Skeptiker, Spötter, Neugierige. Der Regen hört auf, die Sonne tritt hervor. Zehn Minuten lang rotiert sie und schießt dabei Strahlenbündel in allen Regenbogenfarben aus; sie verfärbt sich blutrot und nähert sich dreimal der Erde, wobei die Menschen aus Angst zu Boden gehen und laut ihre Sünden bekennen. Das beobachten auch Menschen in fünf Kilometer Entfernung; gleichzeitig wird eine todkranke Tuberkulose-Patientin geheilt.

Dieses großartige kosmische Zeichen führt zu zahlreichen Bekehrungen. Auch die Tatsache, dass alle vom Regen durchnässten Menschen trocken sind, hat selbst Skeptiker überzeugt. Dieses Ereignis ist bis heute unerklärbar.

Die Gottesmutter wünscht den Bau einer Kapelle. *„Ich bin Unsere liebe Frau vom Rosenkranz"* sagt sie und kündigt das Kriegsende an. Als sie entschwindet, sehen die Kinder den hl. Josef mit dem Jesuskind und dann nochmal die Gottesmutter in Weiß mit einem blauen Mantel; kurz darauf dann Jesus mit seiner Mutter.

Die drei Geheimnisse

Bei der dritten Erscheinung teilte Maria den Kindern Geheimnisse mit, über die sie schweigen sollen. Erst 1927 erhielt Lucia vom Himmel die Erlaubnis, darüber zu reden.

Das erste Geheimnis betrifft die Voraussage eines weiteren Krieges während des Pontifikats Pius`XI.

Das zweite Geheimnis bezieht sich auf die Bekehrung Rußlands. Und das dritte Geheimnis zeigt eine Vision, in der Priester und Bischöfe, darunter auch ein Bischof in weißer Kleidung überfallen und getötet werden. Später sah man darin einen Hinweis auf das Attentat auf Papst Johannes Paul II. durch Ali Agca 1981.

Im dritten Geheimnis werden die Folgen der sündigen Menschheit aufgezeigt: Feuer und Rauch kommen vom Himmel, Satan regiert überall; die Wasser der Ozeane verdampfen und die Temperatur steigt. Es wird viel Elend geben. Mächtige Waffen werden erfunden, die in Minuten Millionen töten können; unter den Kirchenführern wird es zu gegenseitigen Kämpfen kommen...

Lucia schrieb alles nieder und übergab das Protokoll später dem Bischof von Leiria. Erst im Jahr 2000 machte Kardinal Ratzinger das dritte Geheimnis bekannt.

Was danach folgte

Am 4. April 1919 starb Francisco an einer Lungenentzündung; seine Schwester Jacinta folgte ihm am 20. Februar 1920.

1925 hatte Lucia im Kloster der Dorotheerinnen in Pontevedra die Erscheinung Mariens mit dem Jesuskind. Da sagte Maria: *„... verkünde, dass ich all denen, die am ersten Samstag von fünf aufeinanderfolgenden Monaten beichten, kommunizieren, den Rosenkranz beten und mir 15 Minuten lang Gesellschaft leisten, in der Todesstunde beistehen werde."*

Lucia, die ihren Todestag kannte, starb als Nonne im Kloster in Coimbra am 13. Februar 2005 im Alter von 97 Jahren. Sie erhielt eine Staatstrauer und wurde neben Francisco und Jacinta in der Basilika beigesetzt.

Am 13. Mai 1928 begann man mit dem Bau der Wallfahrtskirche und dem Wiederaufbau der Kapelle, die von Gegnern gesprengt worden war.

Pius XII. weihte 1942 die gesamte Menschheit dem Unbefleckten Herzen Mariens, was Paul VI. zum Abschluss des Vatikanums II- erneuerte.

- Graff/Förg/Scharnagl: Maria. Erscheinungen, Wunder und Visionen. Augsburg 1999
- Hierzenberger/Nedomansky: Erscheinungen und Botschaften der Gottesmutter. Augsburg 1993
- P. Odilo Flagel: Was will Maria in Fatima ? Feldkirch1954
- Ferdinand Baumann: Fatima und die Rettung der Welt. Kevelaer 1958
- Kevin McClure: Beweise: Erscheinungen der Jungfrau Maria. Ulm 1987

Guadalupe (1531)

So nennen sich über vierzig Orte weltweit; gemeint ist hier die Stadt Guadalupe am Stadtrand von Mexiko-City. Mit 20 Millionen Besuchern ist er der meistbesuchte Wallfahrtsort der Welt.

Auf dem Berg Tepeya, wo die Erscheinungen stattfanden, wurde eine Basilika errichtet mit 10.000 Sitzplätzen. Die Reliquie des Mantels mit dem Gnadenbild Unserer Lieben Frau von Guadalupe, das dem Seher gegeben wurde, befindet sich in der Basilika. Natürlich lag es nahe, die Gottesmutter zur Patronin Lateinamerikas zu ernennen, was durch Pius X. geschah. Mit einer Gesamtfläche von fast zwei Millionen Quadratkilometern ist Mexiko das fünftgrößte Land auf dem amerikanischen Doppelkontinent; global liegt das Land an vierzehnter Stelle. Weltweit liegt Mexiko mit einer Bevölkerungszahl von etwa 120 Millionen Menschen auf Platz elf und ist das einwohnerreichste spanischsprachige Land.

Im Norden grenzt Mexiko an die USA, im Süden und Westen an den Pazifischen Ozean, im Osten an den Golf von Mexiko. Guadalupe ist umgeben von Vulkanbergen, von denen der Popocatépetl noch aktiv ist.

Am 9. Dezember 1531

macht sich der Indianer Cuauhtlatohuac nach Mitternacht auf den Weg, um die 24 km entfernte Kirche in Tenochtitlan zu besuchen. Drei Jahre zuvor ließ er sich auf den Namen **Juan Diego** taufen. Unterhalb der Kuppe des Berges Tepeyrac, wo früher ein Tempel der Schlangenkönigin stand, hört er Musik und sieht eine leuchtende Wolke, von Regenbogenfarben umstrahlt. Dann verstummt die Musik und er hört seinen Kosenamen rufen: *„Juanito! Juan Dieguito!"* Er klettert weiter hoch und steht vor einer sehr schönen, strahlenden Dame in leuchtenden Gewändern. Die Büsche ringsum strahlen ebenfalls in glitzernden Farben. Er fällt auf die Knie und hört:

„Höre, Juanito, mein liebstes kleinstes Söhnchen, wohin gehst du? – Wisse, dass ich die makellose und immerwährende Jungfrau Maria bin, die Mutter des wahren Gottes, durch den alles lebt. Es ist mein Wunsch, dass hier ein Gotteshaus gebaut werde, wo ich all meine Liebe und Hilfe den Menschen erweisen kann. Hier will ich auf ihre Sorgen hören und ihr Leiden lindern...

Geh zum Bischof, sage ihm, ich habe dich gesandt, sage ihm, was du gehört und gesehen hast. Ich werde dir alles vergelten...".

Juan Diego geht also zum Bischof Zumarraga, der ihm allerdings nicht glaubt. Also erzählt Juan Diego diese Enttäuschung der Gottesmutter, die ihm antwortet: *„Geh nochmals zum Bischof, wiederhole ihm, dass ich persönlich die immerwährende Jungfrau Maria bin, die dich sendet."*

So begibt sich der Indianer nochmals zum Bischof, der ihn anhört und diesmal Interesse zeigt. Allerdings verlangt er ein Zeichen. Dieses Zeichen wird von Maria anderntags versprochen. Doch Diego kommt nicht, weil er seinem schwerkranken Onkel beistehen muss. Als er dann auch noch einen Priester holen will und zum Tepeyrac kommt, steht plötzlich die Dame vor ihm und sagt: *„Höre, mein liebstes Söhnchen, nichts soll dich betrüben. Bist du denn nicht in meinem Schutz? ...lass dich nicht wegen der Krankheit deines Onkels beunruhigen, denn er wird nicht sterben, gerade jetzt ist er geheilt."*

Dann bittet sie ihn, höher zu steigen, dort Blumen zu pflücken und ihr zu bringen. Tatsächlich findet er eine ungeheure Blumenpracht vor; er breitet seinen Poncho aus und sammelt die Blumen. Maria sortiert sie ein wenig und sagt: *„Bring diese Blumen zum Bischof, öffne aber den Poncho unterwegs nicht mehr. Erzähl ihm alles, was du hier erlebt hast."*

Das erbetene Zeichen

Juan Diego breitet den Mantel vor dem Bischof aus; er sieht die Blumen und dann ein herrliches Bild der Muttergottes auf dem Stoff. Der Bischof fällt auf die Knie und ordnet den Bau einer Kapelle an, bevor dann die Pläne für eine Basilika entworfen werden.

Auch dem Onkel erschien Maria; sie teilte ihm mit, welchen Namen sie auf dem Bild haben möchte: *„Die immerwährende Jungfrau, die heilige Maria, welche die Schlange zertritt."* Da Maria die Sprache des Indianers benutzte (Nahuatl), und der

Dolmetscher des Bischofs nicht richtig verstand, wurde aus dem Wort Coatlaxopeuh (Schlangenzertreterin) das akustisch ähnlich klingende Wort Guadalupe. Dieses Wunder führt innerhalb kurzer Zeit zu einer Massenbekehrung und Taufe von 9 Millionen Azteken.

Jedermann kennt dieses 143 x 55 cm große Bild von der Jungfrau Maria in blauem Umhang, von Strahlen umgeben. Ihre Prägung auf dem Stoff (Agavefasern) ist wissenschaftlich nicht erklärbar; es lassen sich keine äußerlich aufgemalten Striche erkennen, die Materialien sind unbekannt und nicht analysierbar. Es gibt bis heute keine Spuren von Zersetzung.

Bild 15: Abbildung der Tilma von der Marienerscheinung in Guadalupe

1929 entdeckte ein Fotograf in beiden Pupillen das Brustbild eines bärtigen Mannes, wohl Juan Diego. Später fand man acht weitere Personen in der rechten Pupille, darunter den Bischof. Die moderne Digitalisierung und Röntgenaufnahmen machen es möglich, unzählige weitere Symbole im Mantel zu erkennen. Da es eigene Publikationen über die Bedeutung dieser Symbole gibt, verzichte ich hier auf nähere Hinweise. Fest steht, dass das Bild mit seinen zahlreichen Symbolen eine Katechese darstellt, die bis heute noch nicht gänzlich erkannt und dargelegt ist. Maria hinterließ also viele noch verborgene Botschaften im Mantel des Indio Juan Diego.

Der weitere Weg von Juan Diego

Als 1532 die Kapelle fertiggestellt wurde, richtete sich Juan Diego daneben eine Klause ein, um dort bis zu seinem Tod 1548 das Leben eines Asketen zu führen. Als ihn der Bischof einmal besuchte, entsprang auf dem steinigen Hügel eine Quelle, deren heilendes Wasser heute noch fließt.

Sein Onkel starb mit 84 Jahren, Diego mit 74 Jahren. Der Erzbischof von Mexiko bestätigte 1557 offiziell die Echtheit der Erscheinungen. 1990 besuchte Johannes Paul II. den Gnadenort und sprach Juan Diego zusammen mit drei Jugendmärtyrern und einem Priester selig.

Bild 16: Kathedrale von Cordoba, Mexiko

- Miguel Guadalupe/Aldo-Giovanni Secchi:
  Guadalupe- Siegesbanner Mariens. Assisi Verlag 1996.
- Graff/Förg/Scharnagl: Maria. Erscheinungen, Wunder und Visionen.
  Augsburg 1999
- G.Hierzenberger/O.Nedomansky: Erscheinungen und Botschaften
  der Gottesmutter Maria. Augsburg 1993
- Lars A.Fischinger: Nicht von Menschenhand. Das Wunder von Guadalupe. Güllesheim 2007

Kibeho (1981-1989)

Kibeho liegt im Süden Ruandas, hat über 20.000 Einwohner. Von 1884 bis 1916 war Ruanda eine deutsche Kolonie, danach belgisches UN-Mandatsgebiet. 1962 erhielt es seine Unabhängigkeit. Wegen struktureller Probleme, einer hohen Bevölkerungsdichte und Konflikten zwischen den Volksgruppen der Hutu und Tutsi zählte das Land zu den ärmsten in Afrika. Das Klima ist angenehm, weil die Temperaturen ganzjährig zwischen 16 und 24 Grad liegen. Doch anormale Trockenheiten, überreichliche Regen und Hagel bedrohen immer wieder die

Bild 17: Basilika in Kibeho Ruanda

Ernten und sorgen für Hungersnöte. Die Bevölkerung besteht fast zu 100% aus Christen; es gibt in der kleinen Diözese von Kibeho jährlich eine Menge Priesterberufungen.

Die belgische Kolonialmacht führte 1934 eine Volkszählung durch und definierte die Zugehörigkeit zu Tutsi oder Hutu entsprechend der Anzahl der Rinder, die jemand besaß. Alle Familien mit mehr als zehn Rindern waren Tutsi (vornehmlich Viehzüchter), alle mit weniger waren Hutu (überwiegend Ackerbau). Die Tutsi erhielten zunächst alleinigen Zugang zu den Kolonialschulen mit dem Ziel, dadurch der Kolonialverwaltung zu dienen. Durch die Kolonialpolitik wurde die Bevölkerung zu Abgaben und Zwangsarbeit verpflichtet, für deren Eintreibung Tutsi zuständig waren. Und die gingen nicht immer zimperlich vor. All dies führte zu Unzufriedenheit und Neid und letztlich zu dem großen Völkermord, der fast 1 Million Menschenleben kostete. Am 14. April 1994 begann das Massaker von Kibeho, zunächst an den 15.000 Flüchtlingen, die im vermeintlich sicheren Sanktuarien-Areal Schutz suchten. Später auch in den

Sanktuarien, im Internat Marie Mercie wurden 82 Schüler im Speisesaal der Schule niedergemetzelt. Es dauerte zwei Tage, bis alle zu Tode gehackt, erschossen oder zum Teil lebendig verbrannt waren. Diese Katastrophe hat die Gottesmutter 12 Jahre zuvor angekündigt für den Fall ausbleibender Bekehrungen und Gebete.

Wie alles begann.

Es war an einem Samstag. Man schrieb den 28. November 1981. Die Schülerin **Alphonsine Mumureke** hatte gerade ihre Grundschule beendet, als sie von einem Gefühlschaos überfallen wurde: Freude vermischte sich mit Angst, sie wurde unruhig und glaubte, den Verstand zu verlieren. Plötzlich hatte sie keine Kontrolle mehr über ihren Körper. Im Speisesaal des Internats fällt sie in eine Art Ektase, hört eine sanfte Stimme,

Bild 18: Alphonsine im Gespräch mit der Gottesmutter

die *„mein Kind"* sagt, und sieht eine leuchtend weiße Wolke mit einer schönen Frau im fließenden, nahtlosen weißen Gewand; ein weißer Schleier bedeckt ihr Haar, die Hände sind gefaltet. Alphonsine wird erfüllt von unvorstellbarer Freude, sinkt auf die Knie und fragt: „Wer sind Sie?"

„Ich bin die Mutter des Wortes", antwortet die schöne Dame, die wie eine dunkelhäutige Inderin erschien. *„Du sollst wissen, dass ich deine Gebete erhört habe und hier bin, dich zu trösten."* Dann bittet sie Alphonsine, sich der Legio Mariens zuzuschließen, und erwähnt noch, dass die Menschen in aller Welt sie lieben mögen, denn nur so könne sie die verlorenen Seelen zu Jesus führen. *„Siehe nun, wie ich in den Himmel zurückkehre..."* sagt sie dann und entschwindet langsam nach oben.

Alphonsine bleibt mehr als zehn Minuten bewusstlos liegen, bis Mitschülerinnen sie wachrütteln. Es war klar, dass man ihr nicht glaubte, sie hätte eine Erscheinung gehabt, und dass sie die kommenden Wochen Spott und Zweifel ertragen musste.

Anderntags, am ersten Advent, erschien die Gottesmutter wieder. Auf dem Weg zum Schlafsaal verfolgte eine Meute keifernder Mädchen Alphonsine, als sie wiederum zu Boden fiel, erstarrte und zur Decke schaute. Sie hörte nicht das Gespött ihrer Mitschülerinnen, sondern strahlte eine derart große Freude aus, dass einige auf die Knie fielen und sich bekreuzigten.

„Mein Kind," sagte die schöne Frau, *„ich liebe dich, du sollst niemals Angst vor mir haben, sondern mich immer lieben..."* Dann verschwand sie.

Es kam einmal vor, dass die Mitschülerinnen ihre Rosenkränze auf Alphonsine warfen mit der Bitte, diese zu segnen. Darunter waren aber auch die Rosenkränze derer, die sie verspotteten. Da Alphonsine in Trance war, konnte sie das nicht erkennen. Blind hob sie nur jene Rosenkränze auf und hielt sie der Gottesmutter zum Segnen hin, die von gläubigen Schülerinnen stammten; die anderen Rosenkränze klebten am Boden fest.

Marie-Claire Mukangano, eine Mitschülerin, glaubte nicht an die Echtheit der Erscheinungen und tat alles, um Alphonsine schlecht zu machen. Doch sollte sie noch eines Besseren belehrt werden...

Am Dienstag, den 12. Januar 1982, hatte die siebzehnjährige **Anathalie Mukamazimpanka**, die der Legio Mariens angehörte, nach dem Abendessen ihre erste Marienerscheinung. Auch sie erlebte jetzt ein Gefühlschaos, Zittern, Angst und Verwirrung. Da taucht plötzlich ein Licht auf; sie sieht sich auf einer bunten Wiese, um sie herum schweben rote Luftblasen und zerbersten zu feinem Dunst. Eine weiße Kugel senkt sich herab und aus gleißendem Licht spricht eine Stimme: *„Mein Kind, ich bin traurig, weil niemand meinen Worten zuhört... Du musst beten, denn die Welt ist auf einem entsetzlichen Weg; die Menschen haben sich von Gott und von der Liebe meines Sohnes Jesus abgewandt."* Und dann: *„Weil die Welt schlecht ist, mein Kind, wirst du leiden...; niemand, der nicht gelitten hat, kommt in den Himmel."*

Als Anathalie aufwacht, liegt sie auf ihrem Bett und ein Dutzend ihrer Freundinnen und einige Nonnen schauen auf sie herab. Es gab nun Befürworter und Gegner dieser Vorgänge; selbst die Schulleiterin befürchtete, das ganze Geschehen könne auch teuflischer Natur sein.

Jetzt fing **Marie-Claire Mukangano** an, auch gegen die zweite Seherin zu kämpfen und sie vor den Behörden als Lügnerin hinzustellen. Doch am 1. März 1982 wird sie bei einem Spaziergang ohnmächtig. Sie befindet sich im Dunkeln, die Luft stinkt widerlich; sie rappelt sich auf und rennt Richtung Schule, läuft im Schlafsaal auf Alphonsine zu, die gerade eine

Bild 19: Marie-Claire erhält den Auftrag, den Rosenkranz zu verbreiten

Erscheinung hat. Marie-Claire ist klatschnass und glaubt, in ihrer Verwirrung in den Fluss gefallen zu sein. Als sie ihrer Mutter einen Brief schreiben will, um mitzuteilen, dass sie krank sei, wird sie wieder ohnmächtig. Jetzt erscheinen ihr gespenstische Gestalten, die bedrohlich wirken und ihr weiteres Kommen ankündigen. Als sie wach wird, gibt ihr Alphonsine den Rat: „Trag die kleine Lourdesstatue bei dir und den Rosenkranz, der schützt dich vor dem Feind!"

Doch Marie-Claire bleibt trotzig, schüttelt ungläubig ihren Kopf und beschuldigt die beiden Seherinnen des Betrugs, meint sogar, dass sie Voodoo betreiben. Aber der Himmel lässt nicht locker; und so verliert Marie-Claire zum dritten Mal ihr Bewusstsein. Dieses Mal sieht sie sich auf einem offenen Feld, über ihr ein regenbogenfarbiger Himmel.

„Mukagango" rief eine Stimme. „Ich bitte dich, mir ein Lied zu singen mit den Worten aus der Bergpredigt „Selig, die um meinetwillen beschimpft werden...". Mukangango erkennt nun, dass sie genau das den beiden anderen Mädchen angetan hat und verweigert dennoch das Lied mit den Worten: „ Das werde ich nicht tun, ich kann nicht besonders gut singen!" „Gut," entgegnet die Stimme, „*dann bitte ich deine Schwester, mit dir zu singen.*" Und plötzlich steht Anathalie neben ihr und beide singen nun das Lied. Dreißig Schülerinnen sind Zeugen dieses Vorgangs.

Besondere Wunscherfüllungen

Marie-Claire wollte wissen, ob ihre Schwester, die ein Jahr zuvor gestorben war, im Himmel sei. Maria antwortete, sie sei an einem Ort des Leidens – im Fegefeuer, wo sie darauf wartete, in den Himmel zu kommen.

„Ich weiß", entgegnete Marie-Claire, „sie war nicht perfekt, aber wir haben so viele Gebete gesprochen, damit sie auf deine Fürsprache hin in den Himmel kommt." Maria antwortete: „*Wenn ihr für eure lieben Verstorbenen betet, ist das ein großer Trost für sie und eine große Hilfe für die Seelen im Fegefeuer, aber die Menschen müssen sich entsprechend verhalten, um sich einen Platz im Himmel zu verdienen.*"

Und einige Tage später sagte sie: „*Kind, freue dich, denn heute ist deine Schwester in den Himmel gekommen. Sie ist jetzt bei deinem Vater!*"

Marie-Claire weinte vor Freude und bat noch, ihren Vater sehen zu dürfen. Das wurde ihr zunächst verwehrt. „*Du wirst ihn sehen, wenn du im Himmel bist.*" Doch die Trauer des Mädchens rührte auch das Herz der Gottesmutter, sodass sie die Füße des Vater zeigte. Marie-Claire erkannte ihren Vater und war außer sich vor Freude. Sie schrie so laut, dass alle Umstehenden zwar hörten, was sie sagte, aber nicht vernahmen, was Maria sagte. Aber alle spürten die große Freude.

Etwas später erschien die Jungfrau Maria abermals den Seherinnen und bat sie, am 25. März (am Fest der Verkündigung Mariens) auf den Schulhof zu kommen, und zwar mit allen 120 Schülerinnen. Dort werde sie ein Geschenk gewähren. Die Schülerinnen sollten niederknien und den Rosenkranz beten, auch die protestantischen und muslimischen Schülerinnen. Der Rosenkranz sei ein Gebet für alle.

Das kam natürlich nicht bei allen gut an; und manche weigerten sich zunächst. Doch am 25. März fanden sich tatsächlich alle Schülerinnen auf dem Hof ein, was die Gottesmutter zu Tränen rührte. Sie versprach allen das Bestehen der Abschlussprüfungen an der Kibeho High School. Tatsächlich machten alle in den darauffolgenden 12 Jahren ihren Abschluss bis zu dem Tag, an dem die Schule wegen des Völkermords geschlossen wurde. Und wenn man bedenkt, dass diese Examina nicht einfach waren und das Tor öffneten für eine bessere Zukunft, kann man sich vorstellen, welche Freude in ganz Ruanda herrschte über diese Zusage.

Weitere Seher

Es gab viele Seher und Seherinnen, darunter auch falsche. Aufgrund des Mangels an Fachpersonal und aufgrund der sehr vielen Personen, die Erscheinungen zu haben vorgaben (die Kommission sprach von 140), hat man sich damit begnügt, die ersten drei Seherinnen anzuerkennen.

Zeichen und Visionen

Manchen Botschaften gehen Zeichen voraus: farbenprächtige Lichteffekte am Himmel, glitzernde Kugeln, tanzende Sonnen, Kreuze, blumenbesäte Wiesen oder auch dunkle Schatten und Pfützen, je nach der damit verbundenen Botschaft. Sonnenwunder gab es an vielen Erscheinungsorten; am bekanntesten ist das von Fatima, das viele Tausende gesehen haben.

Am 15. August 1982 (Maria Himmelfahrt) waren 20.000 Menschen auf den Feldern anwesend, als die Gottesmutter den Seherinnen einen Einblick in die Hölle gewährte, ähnlich dem in Fatima. Dann sah Alphonsine einen Strom aus Blut, Bilder von Massakern und Folter und brennende Bäume. Sie schrie und bat die Gottesmutter, damit aufzuhören. Maria warnte die Menge vor dem Grauen, das Ruanda erwartete. Marie-Claire sprach zur Menge: „...*die Welt steht am Rande einer Katastrophe. Reinigt eure Herzen durch das Gebet!*" Doch die erwünschte Umkehr kam nicht, stattdessen wurden Tausende, vor allem Tutsis und einige Seher, ermordet im Genozid 1994. Erst dann glaubte man an die Botschaften, doch es war zu spät.

Einmal fing Valentine an, die Menschenmenge mit Weihwasser zu segnen. Sie schritt mit zum Himmel blickenden Augen wie in Trance an den Leuten vorbei und besprengte sie. Eine Nonne, die nichts vom Segen abbekam, war enttäuscht: „Warum bekomme ich keinen Segen? Ich liebe die Jungfrau Maria so sehr..." Valentine war längst weitergegangen und stand plötzlich neben der Nonne und sagte: „Segen kommt nicht nur vom Wasser."

Anathalie lag einmal sieben Stunden völlig steif auf dem Boden und wurde von Ärzten und Priestern untersucht. Nachdem sie wieder aufwachte, beschrieb sie, was sie erlebt hat. Die Gottesmutter führte sie in ein seltsames Land, wo sieben schöne Männer in weißen Gewändern musizierten. *„Das ist der Ort der Gemeinschaft!",* sagte Maria. *„Das sind keine Männer, das sind Engel. Sie loben Gott und helfen der Menschheit, wenn sie gerufen werden."*

Am nächsten Ort sah Anathalie Millionen weiß gekleideter Menschen in großer Freude. *„Das ist der Platz der von Gott Geliebten",* sprach Maria. Danach folgte ein dunkles Gebiet mit traurigen, dennoch zufriedenen Wesen. *„Das ist der Ort der Läuterung."* Zuletzt kam sie in ein zwielichtiges Terrain mit hässlicher Rotschattierung und mit einer stickigen Hitze. Es war der Ort der Namenlosigkeit für jene, die nie auf Gott geachtet haben.

Ein besonders eindrucksvolles Geschehnis widerfuhr der Seherin Vestine. Als Jesus sie bat, am Karfreitag für ihn zu sterben, sagte sie zu. *„ Deine Seele wird im Himmel sein, solange du tot bist."* Er schärfte ihr ein, sich nicht begraben zu lassen, da die Ärzte sie für tot erklären werden. Doch am Ostersonntag wird sie auferweckt werden.

Das ganze Land war natürlich in Aufruhr über dieses bevorstehende Ereignis und viele Neugierige kamen, darunter auch

Ärzte. Tatsächlich fiel sie am Karfreitag um drei Uhr in einen Zustand völliger Starre; man konnte keinen Puls oder Atemzug erkennen. Am Ostersonntag erwachte sie, gähnte und begrüßte die Umstehenden mit einem „Guten Morgen allerseits!" Und: „Frohe Ostern."

Sie erzählte, dass sie im Himmel war, aber zurückkehren musste. Sie sei unendlich froh darüber, dass nach ihrem Tod dieser Himmel auf sie warte.

Die Botschaften

Zeichen und mitunter seltsam anmutende Vorgänge wollen etwas mitteilen. Manchmal stehen sie für sich selber da, ohne Kommentare, manchmal sind sie gekoppelt an eine Botschaft. Und daran werden die Erscheinungen gemessen: Decken sich die Botschaften mit der kirchlichen Lehre? Sind sie bedeutsam oder belanglos? Betrifft es das Seelenheil der Menschen oder etwa nur die Aufforderung, Frauen mögen keine Hosen tragen, wie dies in einer falschen Botschaft im Internet verbreitet wird?

Im wesentlichen geht es in Kibeho wie auch in anderen anerkannten Erscheinungsorten stets um die Bitte zur Umkehr, um die Aufforderung, wieder zu beten, vor allem den Rosenkranz, und um die Warnung vor den Folgen eines gottlosen Lebens.

„Die Welt begehrt gegen Gott auf; sie begeht zu viele Sünden, hat keine Liebe."

„Niemand wird in den Himmel kommen ohne Leiden." Leid bedeutet Teilhabe am Kreuz Christi; es ist keine von Gott geschickte Quälerei, sondern eine Bitte, sein Kreuz zu tragen im Hinblick auf die Not der Welt.

„Betet für die Kirche, wenn in kommenden Zeiten viel Leid über sie hereinbrechen wird."

„Ich wünsche, dass in Kibeho eine Basilika erbaut wird."

„Am Tag des Gerichts wird der Herr allen ihr ganzes Leben zeigen, und die Menschen werden erkennen, dass sie die Urheber ihres eigenen Schicksals sind. Gott wird ihnen all die Taten ihres Lebens zeigen, und der Mensch wird gehen, wohin er es verdient. Bereut, es bleibt nicht mehr viel Zeit."

„Die Jugend muss aufhören, ihre Körper wie Spielzeug und zum Vergnügen zu benutzen."

„Liebe Kinder, ihr müsst Gott aus tiefstem Herzen um Vergebung bitten... Fleht um seine Gunst, bittet um seinen Segen. Bittet Gott auch, jene zu segnen, die euch beleidigen und beschimpfen. Bittet für das Wohlbefinden eurer Verwandten und dankt ihm für die Erhörung eurer Gebete. Bittet ihn um Kraft, seinen Willen zu tun, und vergesst nie, um Demut zu bitten. Bittet um meine Fürsprache und ich werde euch stärken..." (An Valentine am 12. Mai 1982)

Nach dem Gemetzel an den Tutsis sagte Maria zu Valentine: *„Weint nicht um die, die ihr verloren habt; weint um die, die zurückbleiben. Sie werden schwer an den Folgen ihrer Taten tragen, während die, die umgekommen sind, heute Abend im Paradies sind."*

Aktuelle Situation

Im November 2001 erkannte die Kirche die Marienerscheinungen der drei Schülerinnen Alphonsine, Anathalie und Marie-Claire offiziell an. Somit ist Kibeho der einzige anerkannte Erscheinungsort in ganz Afrika. Die Anerkennung der anderen Seher steht noch aus.

Marie-Claire hatte 1987 geheiratet und zog nach Kigali. Als Häscher ihren Mann fortschleppen wollten, versuchte sie, sie aufzuhalten, und wurde getötet.

Alphonsine wurde Nonne in Abidjan; Valentine lebt in Belgien und hat bis heute Erscheinungen.

Anathalie blieb in Kibeho und hilft in der Pfarrei.

Zu den anderen, oben nicht erwähnten Seherkindern ist zu sagen: Segatashya, der ehemals heidnische Junge, wurde erschossen.

Stephanie ist bis heute verschwunden.

Agnes lebt mit Mann und zwei Kindern in Butare; Vestine, die durch das ganze Land marschierte, wurde krank und starb nach dem Genozid.

Das Gelände der High School ist von den Hutus zerstört worden. Die Statue der Jungfrau Maria steht noch da als Ausdruck ihrer Verzweiflung über den Hass der Menschen: ihre betenden Hände wurden weggeschossen,

Bild 20: Agnes bricht am Ende einer Erscheinung zusammen

und in ihrem Herzen sieht man ein tiefes Loch.

- Immaculée Ilibagiza: Die Erscheinungen von Kibeho. Illertissen 2017.
- Das Heiligtum „Unserer Lieben Frau der sieben Schmerzen" von Kibeho bei Gloria-TV.
- Kibeho - ein Marienheiligtum für Afrika. Youtube 30.5.2012

Knock (1879)

ist ein kleiner Ort von ca. 1.000 Einwohnern im Westen Irlands in der Grafschaft Mayo, auch bekannt als Cnoc Mhuire, („Hügel der Jungfrau Maria"). 1986 wurde hier ein internationaler Flughafen eingeweiht und in der Basilica of Our Lady Queen finden bis zu 12.000 Menschen Platz. Das Land war gebeutelt durch Arbeitslosigkeit und Hungersnöte; außerdem wurde von den irischen Pächtern gnadenlos die volle Pacht verlangt, was zu einer Auswanderungswelle führte. Bis 1879 ein Ereignis von großer Tragweite eintrat.

Was ist geschehen?

Es ist an einem regnerischen Abend am 21. August 1879, als 15 Personen zwischen sechs und fünfundsiebzig Jahren gegen 19 Uhr an der Südwand der Kirche drei Gestalten sehen. Es ist nicht klar, ob es Personen oder Statuen sind; alle sind leuchtend weiß gekleidet.

Zuerst sieht die Schwester des Sakristans (Mesner, Küster), **Margaret Beirne**, beim Verlassen der Kirche einen ungewöhnlichen Lichtglanz über der Kirche: Sie misst dem keine Bedeutung bei und geht nach Hause. Kurz darauf kommt **Mary McLoughlin**, die Pfarrhaushälterin, vorbei und sieht Figuren, von denen sie meint, der Pfarrer habe sie dort hingestellt. Sie macht einen Besuch bei Mrs Beirne. Anschließend sieht auch die Tochter von Mrs Beirne die Figuren und fragt die Pfarrhaushälterin, wann die dort hingestellt wurden. Sie wusste es nicht. Und während sie sich der Figurengruppe nähern, ruft die Tochter von Mrs Beirne: „Es sind keine Statuen, sie bewegen sich. Es ist die Selige Jungfrau!"

Sie rufen die Nachbarn herbei und auch den Pfarrer, der aber nicht hinausgehen will, weil es ihm nicht wichtig scheint. Übereinstimmend berichten alle Zeugen von dieser Erscheinung, die etwas über dem Boden schwebt und über zwei Stunden lang zu sehen ist. Alles geschieht im Schweigen, es gibt keine Botschaften, keine anderen Zeichen, allein eine Gruppe ru-

Bild 21: Die Vision von Knock wie sie heute im Oratorium dargestellt wird.

hig schwebender, leuchtend weißer Personen. Wenn man sich ihnen nähert, weichen sie zurück. Wenn man sie berühren will, fasst man ins Nichts bzw. an die Mauer.

Die Menschen erkennen als zentrale Gestalt die Gottesmutter in einem langen weißen Mantel, auf dem Haupt eine strahlende Krone. Ihre Hände sind erhoben, die Augen zum Himmel gerichtet. Neben ihr stehen der hl. Joseph, leicht gebeugt, die Hände gefaltet, ihr zugewandt, und Johannes der Evangelist; er trägt das Bischofsgewand und ein Buch in seiner linken Hand; die rechte ist erhoben, man sieht den ausgestreckten Zeige- und Mittelfinger. Zur Linken des Johannes schwebt ein Altar, darüber ein Lamm, dahinter ein Kreuz. Obwohl es stark geregnet hat, ist der Boden unter der Gruppe völlig trocken.

Mich wundert, dass hier nur wenige Menschen Zeugen eines Phänomens werden, wo doch der Ort um die 1.000 Einwohner hat. Für gewöhnlich spricht sich so etwas schnell herum. Und dass der Pfarrer kein Interesse zeigt, schreibt mir merkwürdig. Und da die Figuren sich nicht bewegten, auch kein Wort sprachen, war es schwer, eine Bewertung vorzunehmen.

Wohl aufgrund der vielen bald einsetzenden Heilungen ist Knock bekannt und anerkannt worden.

Pater Pio wirkt unauffällig mit

1936 gab es noch drei Zeugen: **Mary Byrne, Patrck Byrne und John Curry**. Nach gründlicher Befragung aller dauerte es noch 3 Jahre bis zur Anerkennung der Glaubwürdigkeit. Da waren es schon 120.000 Pilger pro Jahr, die den kleinen Ort aufsuchten, um Heilung zu erbitten und sie auch zu bekommen. Man richtete ein medizinisches Büro ein, protokollierte alle Gebetserhörungen und Heilungen und bezeichnete Knock als das irische Lourdes.

1974 errichtete man am Hügel südlich des Erscheinungsgiebels einen Kreuzweg und legte den Grundstein für eine neue Kirche. Und im Jahr darauf empfingen sieben junge Männer der Steyler Missionare ihre Priesterweihe.

Natürlich bestand man darauf, die Erscheinungsgruppe in bestem Marmor, dem schneeweißen Carrara-Marmor, nachzugestalten. Dazu beauftragte man den bekannten römischen Bildhauer Lorenzo Ferri (1902-75), der drei verschiedene Modelle entwarf, aber zu keinem befriedigenden Ergebnis kam. Er war nicht glücklich darüber und wurde dann auch noch krank. Als die bischöflich beauftragte Inspektorin die Not des Professors erkannte, fuhr sie schnurstracks nach San Giovanni Rotondo, um einer hl. Messe mit P.Pio beizuwohnen. Sie hatte die Eingebung, dass er von ihrem Anliegen wusste.

Als sie nach Hause kam, war Prof. Ferri gesund und hatte ein ausgezeichnetes Modell anzubieten; er sagte, dass er plötzlich gesund wurde, ins Atelier lief und innerhalb von drei Stunden das Modell fertigstellte. Vom Besuch der Inspektorin bei P. Pio wusste er nichts.

Knock ist heute ein blühender Ort mit Gebetszentrum, Jugendeinrichtungen, Buchhandel, Basilika, Volkskundemuseum, Sakramentskapelle und mit einem Flughafen.

Johannes Paul II. sowie Mutter Teresa besuchten diesen Ort. 1979 wurden die Erscheinungen von der Kirche anerkannt.

Die verborgene Botschaft von Knock

Da kein Wort gesprochen wurde, liegt die Mitteilung des Himmels in der Besonderheit der drei Personen Maria, Josef und Johannes, sowie im Lamm. Der Ruf des Johannes: „Seht, das Lamm Gottes!" weist auf den Messias hin, dem allein Anbetung gebührt. Das Buch in der Hand des Evangelisten soll uns auffordern, das Wort Gottes zu studieren. Maria, die etwas höher steht als die beiden anderen Personen, bleibt doch immer jene, die sich ihrem Sohn zuneigt und somit auf die christozentrische Bedeutung unseres Glaubens hinweist. Nicht sie, sondern ihr Sohn, der sich geopfert hat (Lamm), ist Mittelpunkt, während Josef in der Rolle des demütigen Nährvaters Jesu und Bräutigams Mariens einen Platz hat. Viele rätseln heute noch über die genaue Bedeutung Josefs in dieser Gruppe. Er gilt ja als letzter Vertreter des Alten Bundes. Wenn man bedenkt, dass in Knock die Arbeitslosigkeit ein Grund war für die große Auswanderung, dann macht es Sinn, dass Josef, der Arbeiter, hier erscheint und mit seiner Verneigung vor Maria zu verstehen gibt, dass wir Menschen uns nicht in irdischen Sorgen verlieren sollen...

- P.H.Görg: Das Wunder von Knock. Illertissen 2010.
- G.Hierzenberger/O.Nedomansky: Erscheinungen u.Botschaften der Gottesmutter. Augsburg 1993
- Kevin MC Clure: Beweise: Erscheinungen der Jungfrau Maria. Ulm 1987

La Salette (1846)

La Salette-Fallavaux (auch schlicht La Salette) ist eine französische Gemeinde im Département Isère in der Region Auvergne-Rhône-Alpes. Das kleine Dorf, noch keine 100 Einwohner, liegt abgelegen am Ende eines idyllischen Seitentals am südwestlichen Fuß des Massif des Écrins, 70 km von Grenoble entfernt, 1.000 m über Meer. Eine zehn Kilometer lange Serpentine führt hinauf zur Klosterkirche, die kaum zwei Kilometer Luftlinie vom Dorf entfernt ist, aber auf 1757 m Höhe liegt. Die Landschaft ist beeindruckend, von herber und majestätischer Ausstrahlung.

Es ist nicht zufällig, dass in diesem gewaltigem Felspanorama die Gottesmutter zwei Hirtenkindern erscheint, um ihnen für die Welt eine warnende Botschaft zu übermitteln.

Paul Claudel war zutiefst ergriffen von dieser Landschaft mit ihren „faltenreichen Windungen eines nackten und rauhen Felsens.." Nur hier bekommt die apokalyptische Botschaft des Himmels ihre entsprechende Wirkung. Als ich dieses Bergmassiv erklomm und von weitem schon die gewaltige Basilika erblickte, hatte ich eine kleine Ahnung von dem, was dort 1846 geschah.

Die Kinder

Mélanie Calvat, 15 Jahre alt, war eines von acht Kindern einer Holzfällerfamilie. Sie bettelte oft auf den Straßen von Corps, wo sie lebte, etwa 4 km von La Salette entfernt. Dann war sie auch mal tätig für Kleinbauern in den Dörfern, um deren Schafe zu hüten. Ihre Intelligenz war mäßig; ein regelmäßiger Schulbesuch fand nicht statt.

Maxim Giraud, 11 Jahre, war Sohn eines Stellmachers in Corps; die Mutter war kurz nach seiner Geburt verstorben. Der Vater war dem Alkohol zugeneigt. Mit dem Sammeln von Pferdeäpfeln trug Maxim etwas zum Lebensunterhalt bei, was die große Armut nicht verhindern konnte.

Als der Hirte eines Bauern, Pierre Selme, krank wurde, bat der Bauer den Vater von Maxim, er möge doch seinen Sohn vorübergehend als Ersatzhirte zur Verfügung stellen. So trafen sich wohl die beiden Kinder auf dem steilen, nicht ungefährlichen Hügel, der 1.800 Meter über dem Meeresspiegel liegt.

Es beginnt

am 19. September 1846 an einem heißen Spätsommertag. Die beiden Hirtenkinder sind gerade von einem kurzen Schlaf erwacht, als sie ihre Kühe nicht mehr sehen. Also gehen sie auf die Suche. Da bemerkt Mélanie ein Licht, heller als die Sonne. Inmitten des Lichtes erkennt sie eine übergroße Gestalt. Die Kinder, zutiefst erschrocken, wollen weglaufen und Maxim droht, mit seinem Hirtenstock die Gestalt zu schlagen.

Doch da erkennen sie, dass die leuchtende Gestalt schmerzerfüllt und weinend auf jenem kleinen Podest sitzt, das sie selber für sich aus Steinen gebaut haben. Dann erhebt sich die Gestalt und spricht: *„Kommt nur, meine Kinder, und habt keine Angst. Ich bin gekommen, um euch eine große Botschaft zu verkünden."* Dann setzt sie fort: *„Wenn mein Volk sich nicht unterwerfen will, bin ich gezwungen, den Arm meines Sohnes fallen zu lassen. Er ist so schwer und drückend, dass ich ihn nicht mehr zurückhalten kann...*

Ich gab euch sechs Tage zum Arbeiten und habe mir den siebten Tag vorbehalten, doch man will ihn mir nicht gewähren... Jene, die einen Wagen lenken, wissen nicht, wie sie fluchen sollen, ohne den Namen meines Sohnes in den Mund zu nehmen... Wenn die Ernte verdirbt, geschieht es nur um euretwegen."

Es fällt auf, dass Loulou, der Hund, den Maxim bei sich hatte und der als sehr bissig und aggressiv galt, in völliger Ruhe vor der Erscheinung liegt. Die Gottesmutter fährt nun im Dialekt dieser Gegend (Patois) fort, weil die

Bild 22: Darstellung der Marienerscheinung

Kinder die reine französische Sprache nicht gut verstehen, und sagt: *„...es wird eine große Hungersnot kommen..., die Kinder bis zu sieben Jahren werden von einem Zittern befallen werden und sterben. Die Erwachsenen werden durch den Hunger Buße tun. Die Nüsse werden schlecht werden, die Trauben werden verfaulen."*

Dann hört Melanie nichts mehr, obwohl sie weiterspricht; denn nun teilt sie Maxim ein ganz persönliches Geheimnis mit. Danach erhält Melanie ihr Geheimnis, wobei dies Maxim nicht hört.

Im weiteren Verlauf spricht sie von den großen Irrlehren der Zeit, vom Atheimus, Spiritismus, vom Bevorstehen großer Strafgerichte, von Kriegen, Beben und vom Kommen eines Vorläufers des Antichrists.

Tatsächlich sind manche Ankündigungen bereits eingetroffen: Angriffe gegen die Kirche, zwei Weltkriege, Verfolgungen, Hungersnöte, Naturkatastrophen usw.

Der Leser wird sich vielleicht fragen, wieso Maria solche schrecklichen Dinge zwei völlig ungebildeten Kindern mitteilt. Maxim konnte weder lesen noch schreiben, Mélanie verstand nur den Dialekt Patois und war noch unwissender als Maxim. Hätte sie das alles nicht erwachsenen und gebildeten Menschen sagen können?

Nun, das ist ja gerade die „Strategie" des Himmels, dass sie einfache, naive Personen wählt, bar jeglicher Täuschungsmanöver oder Inszenierung. Mélanie verstand nicht das Wort „Kartoffeln", das in einer Botschaft erwähnt wurde: *„Wenn die Menschen sich bekehren, werden sich die Berge in Brot verwandeln, und die Kartoffeln werden sich auf der Erde im Überfluss finden."*

Nach weiteren Botschaften mit der abschließenden Bitte, sie dem Volk bekannt zu machen, verkündet sie das reiche Fließen einer Quelle und entschwindet langsam in die Höhe. Die Kinder, die immer noch nicht wissen, wer das war, glaubten an eine große Heilige oder, wie Maxim es in seiner Einfalt sagte: „Das ist sicher der liebe Gott meines Vaters gewesen."

Das Aussehen der Gottesmutter

Melanie beschrieb beim Verhör die Escheinung so: Sie trug weiße Schuhe, darum rankten sich Rosen in allen Farben; eine goldene Schürze, weißes Kleid mit Perlen und einen weißen Umhang mit Rosen, dazu eine weiße Kapuze. An einer Kette hing ein Kreuz, darauf sah sie rechts zwei Zangen und links einen Hammer. Ihr Gesicht war hell und schmal, fast blendend.

Maximin, getrennt befragt, schilderte die Dame ebenso. Somit dürften die Aussagen der Kinder als echt betrachtet werden; es ist unwahrscheinlich, dass sich die beiden bis zum Detail vorher abgesprochen haben.

Die Botschaften

Der Ernst der Lage mag es erklären, dass Maria sich nicht vorstellte, sodass die Kinder bis zum Schluss nicht wussten, um wen es sich eigentlich handelt. Sie kam direkt auf die drohenden Ereignisse zu sprechen, die im Fall ausbleibender Umkehr eintreten werden. Man mag verstehen, dass sich viele Menschen von solchen apokalyptischen Aussagen abwendeten und das Phänomen La Salette ablehnten; auch die Kirche hat lang die Geheimnisse verschwiegen. Erst gründliche Prüfungen und „unverschämte" Verhöre der beiden Kinder machten deutlich, dass es keine Gründe zur Ablehnung gab. Die Botschaften schmecken bitter:

„Gott wird strafen in einer Art, die ohne Beispiel sein wird... Große Städte werden erschüttert werden. Die Gerechten werden viel leiden, aber ihr Gebet, ihre Buße und ihre Tränen werden zum Himmel steigen und das Volk wird Barmherzigkeit erflehen...

Es bricht die Zeit der Zeiten, das Ende der Zeiten an. Dann wird die Kirche verdunkelt sein und die Welt in Bestürzung geraten. Es werden blutige Kriege und Hungersnöte sein... Aber durch das Blut, die Tränen und das Gebet der Gerechten wird Gott sich rühren lassen."

„Viele werden sich verführen lassen, weil sie den wahren Christus, der unter ihnen (in der Eucharistie) lebt, nicht angebetet haben..."

„Die Priester sind durch ihr schlechtes Leben und ihre Ehrfurchtslosigkeit bei der Feier der heiligen Geheimnisse, durch ihre Liebe zum Geld und zu Vergnügungen Kloaken der Unreinheit geworden... es gibt keine großherzigen Seelen mehr. Der Stellvertreter meines Sohnes, Pius IX., traue dem Napoleon nicht. Sein Herz ist falsch."

„Viele Ordenshäuser werden den Glauben verlieren und Seelen ins Verderben ziehen... die Kirche wird eine schreckliche Krise durchmachen. Die Regierungen werden die religiösen Grundsätze abschaffen... Rom wird der Sitz des Antichrists werden..., die Jahreszeiten werden sich verändern."

„Siehe, die Zeit ist da. Der Abgrund öffnet sich und es herrscht der König der Finsternis... er wird gestürzt werden durch einen Hauch des hl. Erzengels Michael. ... Und alles wird erneuert werden. Man wird Gott dienen und ihn verherrlichen."

Erstaunlich ist auch, dass die beiden Kinder die gesamte Botschaft vollständig und getrennt voneinander wiedergeben konnten. Das ist angesichts der Länge und auch der fehlenden Bildung dieser Hirten nicht mehr auf natürliche Weise erklärbar.

Das Geheimnis der Kinder

Wie wir wissen, vertraute Maria den Kindern ein Geheimnis an, das sie erst nach langem Hin und Her aufschrieben und 1851 dem Bischof weitergaben. Unter Aufsicht zweier Theologen schrieben sie in der Bischöflichen Kanzlei mit verblüffender Schnelligkeit die Worte nieder. Als der Bischof und später Pius IX. das Geheimnis von Mélanie lasen, waren sie sehr erregt. Der Papst sagte: „Das sind Geißeln, die Frankreich bedrohen, aber es ist nicht allein schuld: Deutschland, Italien, ganz Europa verdienen Züchtigungen."

Dann las er den Brief von Maxim. Im Gegensatz zu der Aussage Mélanies, die große Züchtigungen ankündigt, erwähnt Maxim das Erbarmen und die Wiederherstellung aller Dinge. Es verwundert, dass Maxim, der angeblich weder lesen noch schreiben konnte, sein Geheimnis schriftlich gab.

Zeichen und Visionen

Den Kindern fiel auf, dass sie selber und die Gestalt gar keine Schatten warfen; immerhin war es ein sonniger Tag und 15 Uhr. Erst nachdem sie allein waren, kam auch der Schatten wieder.

Als sich die Gestalt vor ihren Augen in den Himmel erhob, versuchte Mélanie noch, eine Rose zu erhaschen, der auf dem Schuh lag; aber die Rose erlosch.

Die versprochene Quelle kam und zog Tausende von Pilgern an, da sich ihre Heilungskraft herumgesprochen hatte. Sie sprudelt genau dort aus dem Boden, wo die Kinder immer ihre Mahlzeiten einnahmen.

Der Irrtum des hl. Pfarrers von Ars

Der schon als Heilige, bekannte Pfarrer Johannes Maria Vianney, der im Dörfchen Ars lebte, wurde 1850 von Maxim selber befragt, was er denn von den Vorkommnissen in la Salette hielt. Maxim wollte Priester werden und sich Rat bei dem Pfarrer holen. Dieser Besuch endete allerdings in einem Desaster, denn aufgrund eines Missverständnisses kam der hl. Pfarrer zu der Ansicht, die Erscheinungen seien nicht echt.

Maxim, vom Kaplan empfangen und ziemlich ablehnend mit dem Zweifel des Kaplans konfrontiert, bemerkte nach einem längeren ärgerlichen Disput: „Wenn Sie meinen, na gut, dann habe ich eben nichts gesehen. Glaubt nicht daran!" Maxim war es satt, immer angezweifelt zu werden oder gar als Lügner dazustehen und wollte in Ruhe gelassen werden. Doch diese Bemerkung kam dem Pfarrer von Ars zu Ohren und beeinflusste sein Urteil zu Ungunsten der Glaubwürdigkeit.

„Herr Pfarrer," sagte Maxim, „ich habe die Heilige Jungfrau nicht gesehen, aber das hat dem Volk nicht geschadet. Ich möchte eine Beichte ablegen und in ein Kloster eintreten."

Dieser Satz war natürlich alles andere als vorteilhaft. Man ging davon aus, dass Maxim also nichts gesehen hatte.

Doch der gute Johannes Maria Vianney litt jahrelang unter seiner ablehnenden Haltung. 1858 endlich, nach heftigen Gebeten um Erkenntnis, wurde er von seinen Ängsten und Zweifeln befreit. Ein Licht überflutete ihn, wie er später – allerdings ungern – erzählte. Und sein Wort lautete: „Man kann nicht nur, sondern man muss sogar an La Salette glauben!" Und noch auf dem Sterbebett wiederholte er diesen Satz.

Wie es mit den Sehern weiterging

Gott bedient sich der einfachen Menschen. Während sie im Alltag oft versagten und aufgrund der fehlenden Bildung vieles nicht verstanden, zeigten sie in den Verhören und Untersuchungen eine erstaunliche Geistesgegenwart und Gedächtniskraft.

Maxim versuchte das Abitur zu machen, um Theologie zu studieren, doch er schaffte es nicht; dann wollte er dem Papst dienen, musste aber diesen Weg beenden, weil er krank wurde und mit 38 Jahren 1874 starb.

Auch **Mélanie** war nicht so erfolgreich. Sie trat in ein Kloster ein, (unter anderem auch in ein Karmelitenkloster im englischen Darlington), hatte aber nie Glück. Sie galt als eigensinnig und schwierig im mitmenschlichen Umgang. Schließlich lebte sie nach weiteren vergeblichen Bemühungen, in Frankreich und Italien ein Klosterleben zu führen, zurückgezogen und unerkannt. 1903 bestieg sie noch einmal den Erscheinungsberg, bereits wissend, dass sie in Italien sterben würde, und zwar allein, hinter verschlossenen Türen. Tatsächlich fand man sie 1904 tot, die Arme gekreuzt, auf dem Fußboden. Sie hatte die Wundmale Jesu an ihren Händen.

Die derzeitige Lage

La Salette ist ein großer, ungewöhnlicher Wallfahrtsort geworden. Nachdem die Kirche die Erscheinungen 1851 für echt erklärte, wurde das Bergmassiv von Pilgern überrollt. Ein Jahr später begann man mit dem Bau eines Heiligtums zu Ehren Mariens, zu dem bald ein großes Kloster des neu entstandenen Ordens der „Missionare von La Salette" (Salettiner) trat. Leo XII. erhob sie zur Basilika.

Es gab und gibt immer noch Gegner dieser Vorgänge; aufgrund der sehr drastischen Aus-

Bild 23: Basilika "Sanctuaire de Notre Dame de la Salette"

sagen in der großen Botschaft kann Angst aufkommen, die man wohl als Ursache einer Ablehnung sehen mag. Es ist durchaus menschlich, Unangenehmes abzuwehren; andererseits stellen sich manche die Frage nach der Barmherzigkeit Gottes, die ihnen in der Botschaft zu kurz kommt. Klar ist aber auch, dass bisweilen nur noch heftige Maßnahmen helfen, den Menschen zu retten. Es ist die Liebe Gottes, die retten will. Viele der schrecklichen Ankündigungen sind eingetreten: die Kartoffelernte war verdorben, eine Reblaus-Plage vernichtete die Traubenlese und eine Cholera-Epidemie raffte die kleinen Kinder weg.

An uns liegt es, weitere Katastrophen zu verhindern, indem wir Gottes Gebote ernst nehmen und umkehren.

- Johannes Maria Höcht: Die Grosse Botschaft von La Salette. Stein a. Rhein 1996
- Youtube: La Salette 1846 Die heilige Jungfrau erscheint zwei Hirtenkindern (29.8.2014)
- G,Hierzenberger/O.Nedomansky: Erscheinungen und Botschaften der Gottesmutter Maria. Augsburg 1993
- Kevin McClure: Beweise: Erscheinungen der Jungfrau Maria. Ulm 1987

Le Laus (1664-1718)

In lieblichem Tal, zwischen Schluchten und felsigen Bergen, liegt der kleine, nur 300 Einwohner zählende Ort Le Laus im Département Hautes-Alpes, das zum Bistum Gap gehört. Es ist die Region der Provence-Alpes-Côte d'Azur. Gap liegt zwanzig Kilometer entfernt und La Salette vierzig Kilometer weiter im Norden.

Im Dorf St.Etienne d'Avancon bei Le Laus wurde im September 1647 Benedikta (Benoîte) Rencurel geboren. Sie war sehr fromm und empfindsam. Ihr Vater starb früh, und die Mutter musste ihre Tochter in fremden Dienst geben.

Am 4. Mai 1664

hütet die 16-jährige **Benoîte Rencurel** ihre Schafe in der Nähe ihres Dorfes; sie betet den Rosenkranz. Plötzlich erscheint ihr ein prächtig gekleideter Greis, den sie schon mehrfach auf der Weide beobachtet hat; er gibt sich als der hl. Mauritius zu erkennen, zu dessen Ehre einst dort eine Kapelle stand. Er fordert Benedikta auf, künftig das gegenüberliegende Tal mit ihren Schafen aufzusuchen, weil sie dort die Gottesmutter sehen werde. Er gibt ihr einen Stock, mit dem sie sich vor Wölfen wehren soll.

Und tatsächlich erscheint ihr dort anderntags eine schöne Dame, begleitet von einem Kind. Benedikta bietet ihr in heiliger Einfalt einen Teil ihres Essens an. Die Dame lächelt und schweigt. Sie erscheint nun vier Monate lang jeden Tag, die ersten beiden Monate schweigend. Dann beginnt die Dame, ihr ersten Botschaften zu verkünden. Sie lehrt sie, den Rosenkranz zu betrachten, die Lauretanische Litanei zu beten. Dabei geht sie mir ihr sehr vertraulich um. Manchmal schickt sie sie in die Kirche zum Gebet, während sie selber dann die Schafe betreut.

Irgendwann wird die Sache bekannt; denn Benedikta verändert sich, wird still und sanft, heiter und irgendwie anmutiger. Schließlich bestellt sie der Richter François Grimmaud von Avençon zum Verhör. Da er nichts Verwerfliches erkennen kann, schickt er sie nach Hause.

Anderntags bittet die himmlische Dame, der Pfarrer möge doch eine Prozession anberaumen, wobei die Lauretanische Litanei gesungen werden solle. Der Richter ist anwesend. Sie beobachten die kleine Hirtin, wie sie offenkundig mit jemandem spricht, den sie selber aber nicht sehen können. Nun gibt sich die Dame zu erkennen: *„Ich bin Maria, die Mutter Jesu!"* Und fügt hinzu: *„Du wirst mich hier nicht mehr sehen und einige Zeit überhaupt nicht mehr."*

Benedikta ist natürlich traurig darüber; und endlich an ihrem Geburtstag, am 24. September, erscheint Maria auf einem Hügel am anderen Ufer des angeschwollenen Flusses. Benedikta durcheilt ihn auf dem Rücken ihrer Ziege. Angekommen, beauftragt sie die Gottesmutter , nach Le Laus zu gehen und dort nach einer Kapelle zu suchen, von der Wohlgerüche ausströmen. *„Du wirst mich dort sehr oft sehen und sehr oft mit mir sprechen können."*

Dort findet sie die Ruine einer Kapelle. Und dort finden auch die Begegnungen statt: Maria, über dem Altar schwebend, von Wohlgerüchen umströmt. Sie nennt ihren Plan: Hier möge eine Kirche errichtet werden zu Ehren ihres Sohnes und ein Haus für Priester. *„Ich habe meinen Sohn gebeten, mir Le Laus für die Bekehrung der Sünder zu geben, er hat meine Bitte erfüllt. Die Kirche soll zu seiner und meiner Ehre gebaut werden. Viele werden hier zu ihm zurückfinden."*

Die Menschen strömen in Scharen herbei; es gibt viele Heilungen. Man verlangt sofort den Bau einer Kirche. Doch da beginnen die Probleme.

Begeisterung und Widerstand

Domherr Gaillard begeisterte sich für die Sache. Er erstattete Bericht beim Generalvikar Lambert. Dieser ging mit dem Rektor des Jesuitenkollegs und mit dem Sekretär des Erzbischofs und vielen anderen Begleitern nach Le Laus. Allesamt waren sich in der Ablehnung dieser Geschehnisse einig. Ja, der Generalvikar hegte die Absicht, die Kapelle schließen zu lassen und die Wallfahrt zu verbieten.

Doch das Volk stemmte sich dagegen. Schließlich gab der Generalvikar nach und

Bild 24: Altar „St. Etienne le Laus"

bat Benedikta, die angebliche Erscheinung um ein Zeichen zu bitten. Das kam rascher als gedacht: Als die klerikale Gruppe abreisen wollte, trat ein sintflutartiger Regen ein, der ihren Aufenthalt verlängerte. Anderntags – der Generalvikar hatte gerade die hl. Messe zu Ende gelesen – berichtete eine allen bekannte Frau aus dem Dorf, dass sie von ihrer unheilbaren Lähmung geheilt sei. Zu aller Überraschung führte sie einen Monat später eine Prozession an, die von ihrem 60 km entfernten Ort nach Le Laus ging. Die Menge jubelte, der Generalvikar gab die Erlaubnis zum Bau der Kirche.

Später kamen hinzu ein Haus für die Missionare, ein Seminar, ein Singschule. Wenn man bedenkt, dass die Menschen bitterarm waren und heftige Anfeindungen gegen Kirche und Priester aushalten mussten, war der Bau einer Kirche ein Wunder allein schon. Die Menschen sammelten Holz und Materialien, schleppten alles herbei und die Bauarbeiter mussten es nur noch zurechtzimmern.

Zahlreiche Wunder vollzogen sich durch das Öl, das das Ewige Licht im Heiligtum speist. Maria sagte selber: *„Das Öl der Lampe, die in der Kapelle vor dem Allerheiligsten brennt, wird, wenn man es einnimmt oder auflegt und gläubig meine Fürbitte ersehnt, Heilung bringen."*

Am 16. Mai 2008 hat die Kirche die Echtheit der Erscheinungen anerkannt.

Bild 25:
Basilika „Notre Dame
du Laus"

Die Seherin

Benedikta gab auf Wunsch der Gottesmutter das Viehhüten auf und widmete sich als Einsiedlerin am Erscheinungsort ganz dem Wallfahrtsdienst. Ihre Aufgabe war es, die Sünder zu warnen und zur Umkehr aufzurufen; dafür erhielt sie die Gabe, in den Herzen und Gewissen der Menschen zu lesen. So erkannte sie nicht gebeichtete Sünden und schickte die Betreffenden zurück in den Beichtstuhl.

1692 floh sie auf Geheiß der Gottesmutter nach Marseille. Sie nahm die Schätze der Kirche mit, weil Maria ihr dies gebot. Nach ihrer Rückkehr fand sie alles niedergebrannt vor; die Kirche selber war unversehrt. Die jansenistische Partei bekämpfte sie ständig und wollte sie in ein Kloster sperren. Sie wurde sogar der Hexerei beschuldigt und man verwehrte ihr den Zugang zur Kirche. In dieser Zeit standen die Gottesmutter und die Engel ihr bei. Das Volk hielt zu seiner Seherin ; es kam der Tag, an dem der Erzbischof von Embrun die Nase voll hatte von diesen Querelen und den Prior der Jansenisten absetzte.

Benedikta hatte auch in geistlicher Hinsicht viel zu ertragen: Fünfzehn Jahre lang erlitt sie an Freitagen die Passion, die Arme in Kreuzesform ausgestreckt, starr und unbeweglich. Sie hatte die Stigmata. Und auch dämonische Visionen. Und immer nach den Erscheinungen der Gottesmutter strömten Benediktas Kleider unbeschreibliche Wohlgerüche aus.

Sie starb am Tag der Unschuldigen Kinder am 28. Dezember 1718. In ihrer Todesstunde erschien ihr noch einmal Maria. Lächelnd verschied sie.

Ihr Grab befindet sich in der Gruft des Heiligtums.

- Robert Ernst: Lexikon der Marienerscheinungen. Köln 1984
- Le Laus. In. Das Zeichen Mariens.
  http://dzm1.blogspot.de/2009_05_01_archive.html
  (abgerufen am 7. Sept 2017)
- Kevin McClure: Beweise Erscheinungen der Jungfrau Maria. Ulm 1987

Lourdes (1858)

160 km südlich von Toulouse liegt in den nördlichen Ausläufern der Pyrenäen nahe der spanischen Grenze der bekannteste Wallfahrtsort Europas. Heute hat er 16.000 Einwohner und lebt ausschließlich von den Pilgern, die aus aller Welt dorthin reisen, um Heilung zu erbitten. Der Ort der Erscheinungen, die Grotte Massabielle, war damals Sammelstelle für Müll und Abfall; hier haben Schweinehirten ihre Herde zur Tränke geführt, alles in allem ein schmutziger Ort. Heute ist es eine Stätte des Gebetes und der Prozessionen mit acht Millionen Besucher jedes Jahr.

Es gibt über Lourdes zahlreiche Publikationen; jedoch decken sich die Aussagen nicht immer. Es fehlen Informationen über die Gesprächsinhalte, genaue Daten, detaillierte Protokolle.

Wer ist Bernadette Soubirous?

Am 7. Januar 1844 wurde sie in Lourdes geboren als Tochter

eines Müllers. Die Mutter war durch frühe schwere Verbrennungen nur bedingt fähig, ihren Pflichten nachzukommen. Beide Eltern sprachen dem Alkohol zu. Bernadette selber litt an Asthma, Folge einer überstandenen Choleraerkrankung. Die Familie hauste in erbärmlichen Zuständen, oft wechselnd mal hier mal da, einmal sogar in einem ehemaligen Gefängnis, das selbst für Gefangene nicht mehr zumutbar war.

Bernadette hütete bisweilen Kinder, sammelte Knochen ertrunkener Tiere am Massabielle-Wehr (nahe dem Ort der späteren Erscheinungen) oder Holz.

Bild 26: Hl. Bernadette Soubirous

Auf der Suche nach Brennmaterial

laufen die 14-jährige Bernadette, ihre Schwester Marie und ihre Freundin Jeanne in der Nähe der Grotte am Ufer des Flüsschens Gave vorbei. Es ist der 11. Februar 1858. Da hört Bernadette ein sonderbares Geräusch und sieht eine Dame im überirdischen Licht. Diese Dame fordert durch Zeichen zum Rosenkranzgebet auf und verschwindet danach wieder. Bernadette ist beeindruckt und beschreibt sie später als eine schöne Frau in weißem Kleid mit blauem Gürtel und einer goldenen Rose auf jedem Fuß.

Es folgen nun 17 weitere Erscheinungen. Doch zu Hause glaubt man ihr nicht; überhaupt erfährt sie zunächst heftigen Widerstand von allen Seiten, wird von der Behörde für geisteskrank erklärt und hart auf die Probe gestellt. Sie bleibt standhaft.

Bernadettes Mutter geht am 14. Februar mit ihr in die Grotte, um die Erscheinung mit Weihwasserbesprengung zu testen: Ist sie des Teufels oder nicht? Die geheimnisvolle Frau verneigt sich vor dem Wasser und entschwindet wieder.

Am 18. Februar gibt die Dame ihre erste Botschaft an Bernadette: *„Machen Sie mir die Freude, zwei Wochen lang jeden Tag hierher zu kommen. Ich verspreche Ihnen nicht, Sie in dieser Welt glücklich zu machen, wohl aber in der anderen."* Bernadette ist erstaunt, dass sie mit „Sie" angesprochen wird.

Im folgenden vertraut die immer noch namenlose Dame Bernadette ein persönliches Geheimnis an, über das sie tiefes Schweigen hüllen solle. Und sie bittet um den Bau einer Kapelle.

Der Pfarrer traut der Sache nicht, will ein Zeichen in Form eines blühenden Rosenstrauches. Doch dieses Zeichen wird nicht gewährt. Stattdessen verlangt die Dame, dass Bernadette die Erde küssen solle als Sühne. *„Buße, Buße, Buße"* sagt sie und geht weg. Und am 21. Februar sagt sie ernst: *„Bete für die armen Seelen, für die kranke Welt!"*

Immer mehr Leute tauchen auf und werden Zeugen mitunter

seltsamer Demutstests, die der Himmel Bernadette zumutet: Am 25. Februar erhält Bernadette ihr drittes Geheimnis und die Aufforderung: *„Trinken Sie aus der Quelle und waschen Sie sich darin, essen Sie von den Kräutern, die dort wachsen.“* Bernadette beginnt auf ein Zeichen der Frau hin in der Erde zu graben, bis Wasser hervorsickert. Sie benetzt ihr Gesicht damit und isst von den Kräutern. Es gibt Berichte, die vom Essen der Erde und einem folgenden Erbrechen erzählen, was bei den Umstehenden Mitleid und Erschrecken auslöst. Dennoch: das Volk drängt zur Quelle und sieht, wie es immer stärker sprudelt mit einer bis heute konstanten Menge von 122.400 Liter am Tag. Von nun an pilgern immer mehr Massen zur Grotte.

Am 27. Februar fordert die Gottesmutter Bernadette auf, auf den Knien den Abhang hinauf zu rutschen und den Boden zu küssen *„zur Buße für die Sünder“*.

Am 2. März bittet die immer noch unbekannte Dame, man möge Prozessionen hierherführen und eine Kapelle bauen. Inzwischen gibt es die ersten Heilungen an der Quelle.

Dann endlich offenbart sich die Dame und sagt am 25. März in der okzitanischen Mundart dieser Region: *„ Qué soy éra Immaculada Concepcióu“*. (Ich bin die Unbefleckte Empfängnis!). Bernadette versteht das Wort nicht und wird später vom Pfarrer aufgeklärt.

Bei ihrer vorletzten (und siebzehnten) Erscheinung am 5. April beobachtet Dr. Dozous, wie Bernadette ihre linke Hand eine Viertelstunde lang in die Flamme einer Kerze hielt; sie war so versunken, dass sie nichts merkte. Dr. Dozous konnte keinerlei Verbrennungen feststellen.

Die Behörden schlugen nun zu: Sie schickten Bernadette in die Psychatrie, die Grotte wurde mit Brettern zugenagelt. Da die Ärzte keinerlei Abnormalitäten fanden, schickten sie Bernadette nach Hause.

Am 16. Juli 1858 feiert man das Fest Unserer Lieben Frau vom Karmel. Bernadette geht zur Grotte und sieht plötzlich die Jungfrau Maria schöner als zuvor; sie lächelt, sagt kein Wort, und verschwindet für immer. Kurz darauf erkrankt der Sohn Napoleons III. schwer; man gibt ihm Kräuter aus der Grotte zu essen, und der Prinz gesundet. Daraufhin befiehlt der Kaiser, die von den Behörden geschlossene Stätte zu öffnen, und reist am 18. Januar 1862 selbst nach Lourdes.

Was geschah danach?

Nun wollte man sofort die Wünsche der Mutter Gottes erfüllen und baute eine Kapelle. Und da der Strom der Pilger nicht abriss, baute man weiter: eine Beichtkapelle, eine obere Basilika, bei deren Einweihung 1866 Bernadette teilnahm; eine untere Basilika mit 1.500 Plätzen, eine Anbetungskapelle und jene Räume, in denen Pilger in das Heilwasser der Quelle getaucht werden. Dazu ein Zentrum für medizinische Prüfungen, in dem alle Heilungen gemeldet werden. Bis heute gelten von 7.000 registrierten Heilungen 2.500 als medizinisch nicht erklärbar; die Kirche hat fast 70 davon als Wunder anerkannt. Schließlich weihte Kardinal Roncalli 1958 ein drittes Gotteshaus ein, eine unterirdische Halle für 25.000 Personen.

Die zentrale Botschaft von Lourdes ist Buße und Umkehr und Rosenkranzgebet. Darin bleibt sich die Gottesmutter in allen Er-

Bild 27: Rosenkranz Basilika in Lourdes

scheinungen treu, geht es ihr doch um die Rettung der Menschheit.

Ausdruck dafür ist bei Bernadette das demütige und bußfertige Graben in der Erde und Waschen mit dem zuerst noch schmutzigen Quellwasser.

Täglich finden Krankensegnungen statt mit einer Monstranz draußen vor der Esplanade sowie Krankensalbungen im Heiligtum.

Wenn man einmal eine ruhige Zeit findet (abends nach 22 Uhr oder sehr früh morgens) wird man vor der Grotte oft Zeuge beeindruckender Frömmigkeit: Da knien junge und alte Menschen in totaler Versenkung auf dem Asphalt und beten still den Rosenkranz; manche halten Kerzen in der Hand, andere berühren den Felsen der Grotte und dann sich selbst. Man kann sich dieser Atmosphäre tiefer Spiritualität nicht entziehen.

Was wurde aus Bernadette?

1866 trat sie als Schwester Marie-Bernard bei den „Soeurs de la Charité" in Nevers ein. Sie musste einiges erleiden unter dem Unverständnis ihrer Oberen und Mitschwestern. Dreizehn Jahre später, am 16. April 1879 starb sie an Knochentuberkulose. Als man ihr Grab 1918 öffnete, war ihr Leichnam unverwest.

In der Rosenkranzbasilika liegt sie im gläsernen Sarkophag bestattet. Noch zu ihren Lebzeiten, nämlich am 18. Januar 1862, wurden die Erscheinungen als glaubwürdig anerkannt.

- Alfred Läpple: Die Wunder von Lourdes. Augsburg 1995
- Odilo Flagel: Lourdes. Feldkirch 1957
- G.Hierzenberger/O.Nedomansky: Erscheinungen und Botschaften der Gottesmutter. Augsburg 1993
- Graff/Förg/Scharnagl: Maris. Erscheinungen, Wunder und Visionen. Augsburg 1999
- Kevin McClure: Beweise: Erscheinungen der Jungfrau Maria. Ulm 1987

Paris (1830)

Für die Pariser ist das Mutterhaus der Vinzentinerinnen in der Rue du Bac Nr. 140 ein bekannter Gebetsort: Hier liegt die hl. **Katharina Labouré** in einem Glassarg begraben, jene Nonne, der wir die berühmte Wundertätige Medaille verdanken. Am linken Seine-Ufer im 7. Arrondissement liegt das Haus, unauffällig, fast versteckt. Die Straße ist benannt nach der Flussfähre (bac) am unteren Ende, die früher Baumaterial transportierte, um so den Umweg auf den engen Straßen zu meiden. Das Mutterhaus der Vinzentinerinnen war vormals das Hotel de la Vallière. Paris hat an die 13 Millionen Einwohner und ist die dichtbesiedelste Großstadt Europas;

die Franzosen verstehen es, jedes kleinste Fleckchen auszunutzen, und man wundert sich manchmal, wie geschickt sich ein Restaurant auf 12 qm einrichten lässt.

Katharina Labouré

wurde 1806 als neuntes von elf Kindern in Burgund geboren. Nach dem frühen Tod ihrer Mutter war sie eine Zeit lang bei ihrer Tante, danach wieder zu Hause und führte den Haushalt. Nachdem schon ihre ältere Schwester Nonne wurde, erlaubte der Vater ihr nicht , auch noch ins Kloster zu gehen, bis er nach vielen Bitten nachgab, sodass sie dann 1830 mit 24 Jahren in die Genossenschaft der Vinzentinerinnen eintrat. Dort in der Rue du Bac wurde aus ihrem alten Vorname Zoé eine Cathérine. Bereits im ersten Jahr hatte sie Erscheinungen. Jedoch wusste bis zu ihrem Tod am 31. Dezember 1876 niemand etwas von diesen Erscheinungen, ausgenom-

Bild 28:
Hl. Katharina Labouré

men ihre Oberin, der Spiritual P. Aladel und der Erzbischof von Paris. Unbekannt lebte sie inmitten ihrer Schwestern, arbeitete im Garten, im Haushalt und pflegte die Kranken, derweil sie unentwegt die Wunderbare Medaille verteilte – auf Wunsch der Gottesmutter.

Als man ihren Sarg 1933 öffnete, war ihr Leichnam unversehrt, obgleich der Boden feucht war. Sogar ihre Augen hatten noch ihre blaue Farbe. Man legte sie in einen Glasschrein in die Kapelle des Mutterhauses. Pius XII. sprach sie 1947 heilig.

Die Erscheinungen

In der Nacht auf den 19. Juli 1830 wird Katharina gegen 11.30 Uhr von ihrem Schutzengel geweckt und in die Kapelle geführt. *„ Schwester Labouré,"* sagte der Engel, *„komm in die Kapelle, die selige Jungfrau erwartet dich!"* In der Kapelle angekommen, ist alles erleuchtet, alle Kerzen brennen. Dann sieht sie eine schöne Frau in weißem Kleid und blauem Mantel von der Empore herunterschweben; sie setzt sich auf den Stuhl des Spirituals nahe am Altar. *„Mein Kind, ich will dir einen Auftrag geben. Du wirst dabei viel Widerspruch erfahren, aber fürchte dich nicht. Die Gnade wird dir helfen"* sind ihre ersten Worte.

Dann kündet sie einige Ereignisse an, die Jahrzehnte später eintreffen sollten, und bittet sie, den Spiritual auf die klösterlichen Mißstände hinzuweisen: *„Die Ordensregel wird nicht mehr treu befolgt. Es herrscht große Schlaffheit..."* Danach begleitet sie der Engel wieder zurück in den Schlafsaal; die anderen Schwestern haben nichts mitbekommen von dem nächtlichen Besuch.

In der zweiten Erscheinung am 27. November wird ihr der eigentliche Auftrag gegeben. Während der Betrachtungszeit gegen 18 Uhr (Kevin McClure schreibt 5.30 Uhr) sieht sie auf einer Erdkugel stehend Maria, zu ihren Füßen eine Schlange. In ihren Händen hält sie eine goldene Kugel; als sie die Hände senkt, gehen aus ihnen Strahlen hervor. *„Diese Strahlen sind das Sinnbild der Gnaden, die ich allen schenken werde, die* *mich darum bitten.*" Dann formte sich ein großes Oval um sie mit der Inschrift: „O Maria, ohne Sünde empfangen, bitte für uns, die wir zu dir unsere Zuflucht nehmen."

„Lass nach diesem Muster eine Medaille prägen. Große Gnaden werden die erfahren, die sie tragen und die Vertrauen haben." Jetzt wendet sich das Bild und Katharina sieht ein M, von einem Kreuz überragt, darunter das Herz Jesu mit der Dornenkrone und das Herz Mariens, durchbohrt von einem Schwert. Zwölf Sterne umrahmen das Bild.

Pater Aladel und die Oberin zweifeln an der Geschichte. Schließlich erscheint Maria zum dritten und letzten Mal und wiederholt den

Bild 29: Altar der hl. Jungfrau mit der Weltkugel und dem Schrein der hl. Katharina Labouré

Auftrag. Nachdem P. Aladel mit dem Erzbischof sprach, wurde die Genehmigung zur Prägung der Medaille 1832 gegeben.

Die Wunderbare Medaille

Wer schon einmal in religiösen Kunst- und Buchläden war, hat die Medaille in allen Größen sicherlich gesehen. Sie hat sich weltweit sehr rasch verbreitet; viele tragen sie im Portemonnaie oder am Hals, legen sie unter ihre Betten und auf Kranke, verschenken sie. Unzählige Heilungen und Wunder werden berichtet, auch P. Maximilian Kolbe ging mit ihr in den Hungerbunker und Alphonse Ratisbonne (siehe das Kapitel Rom 1842) wurde durch sie bekehrt.

Mancher Leser wird vielleicht glauben, dass das Tragen dieser und anderer frommer Medaillen ein Ausdruck von Aberglauben sei. Man braucht sie nur dabei zu haben und alles wird gut. Mag sein, dass es Personen gibt, die so denken; aber Maria betont das Vertrauen in Gott. Solche religiösen Gegenstände (Sakramentalien) sind Zeichen des Glaubens und sollen an liebe Personen erinnern, ähnlich den Fotos geliebter Menschen, die manche bei sich tragen. Entscheidend bleibt die Liebe zu Gott, das Vertrauen. Und da wir auf Sinne angewiesen sind, kann das Bewusstsein von der Gegenwart des Himmels uns helfen, den Alltag zu bewältigen. Die Medaille ist nur ein sichtbares Zeichen.

Wenn ich sehe, wie viele Leute profane Glücksbringer bei sich tragen (das Hufeisen am Auto, die chinesischen Zeichen für Glück , oder das Kleeblatt auf dem Schulranzen), wie viele ihren Alltag mit abergläubischen Riten absichern und täglich ihre Horoskope studieren, dann ziehe ich es vor, in heiliger Einfalt die Wunderbare Medaille zu tragen, ohne Garantie für Erfolg und Lottogewinn. Sie soll mich an Gott binden und meinen Glauben stärken; nicht zu vergessen, die Zusage der Gottesmutter, in unseren Nöten zu helfen.

Die letzten Worte an Katharina lauteten:" *Mein Kind, von jetzt an wirst du mich nicht mehr schauen, aber du wirst meine Stimme, meine Einsprechung vernehmen*."

Ein Kuriosum

Auf der Medaille steht der Satz: „O Maria, ohne Makel der Erbsünde empfangen, bitte für uns." Lateinisch: MarIa, sIne Labe ConCepta, InterCeDe pro nobIs! Die großen Buchstaben ergeben im Gesamtwert die römische Zahl: MDCCCLIIII für 1854. Und in diesem Jahr wurde das Dogma von der Unbefleckten Empfängnis verkündet.

- Maria Cuylen: Die hl.Katharina Labouré und die Wunderbare Medaille. Fribourg 2000
- G.Hierzenberger/O.Nedomansky: Erscheinungen und Botschaften. Augsburg 1993
- Zeichen der Liebe. In: PUR-magazin spezial 20. Aufl. 2012
- Kevin MC Clure: Beweise: Erscheinungen der Jungfrau Maria. Ulm 1987

Pontmain (1871)

Pontmain ist ein kleiner Flecken am Rand der Bretagne; Rennes liegt 7o km entfernt. Die Gemeinde gehört zur Diözese Layal und hat ca. 900 Einwohner. Die Menschen gelten als fromm und sittsam. Heute sind dort eine Fabrik für Milchprodukte(SOVIVO) und eine Sozialversicherungsgesellschaft für Studenten (SMECO) ansässig. Seit den Erscheinungen 1871 steht dort auch eine Basilika im neugotischen Stil; die Scheune der Familie Barbedette, deren Söhne Eugène und Joseph und ein weiteres Kind dort die himmlische Begegnung hatten, ist heute eine Gebetsstätte. Leider ist Pontmain etwas in Vergessenheit geraten.

Zum Zeitpunkt der Erscheinungen fand gerade der deutsch-französische Krieg statt (1870/71).

Eugène Barbedette

war zwölf Jahre alt, als er seine Erscheinung hatte. Im Gegensatz zu seinem jüngeren Bruder **Joseph** (10), der die Gottesmutter auch sah, war er ernst und still; ein älterer Bruder machte Dienst in der Armee; es war Krieg, und die deutschen Soldaten standen vor Paris. Alle waren sehr fromm; drei Schulschwestern erteilten ihnen Unterricht. Des weiteren sahen auch das Nachbarkind **Françoise Richter** die Erscheinung und der sechsjährige **Eugène Friteau**, den eine Nonne holen ließ, weil sie meinte „Wenn diese Kinder etwas sehen, müssen wir noch welche holen, die jünger sind." Übrigens starb das Kind nach drei Monaten.

Am 17. Januar 1871

weiht der Bischof von Nantes seine Diözese dem Herzen Jesu mit der Bitte, vom Krieg verschont zu bleiben. Am gleichen Tag macht der Bischof von Saint Brieuc ein Versprechen an die Gottesmutter, das war um 17.30 Uhr. Und von dieser Stunde an macht der Feind, der kurz vor Laval steht, keinen Schritt mehr vorwärts. Kommandant Prinz Friedrich Karl von Preußen machte die seltsame Bemerkung: „Es ist irgendwo eine Madonna, die uns den Weg versperrt!" Er kann nicht wissen, was da in Pontmain passiert. Andere Berichte behaupten, dass General Schmidt, der preußische Befehlshaber, diesen Satz gesagt haben soll.

Vater Barbedette weckt seine Söhne wie gewöhnlich in der Scheune auf, wo sie schlafen. Sie beten, gehen zur hl. Messe und schließen sich den öffentlichen Gebeten für die Soldaten an. Danach beginnt die Schule. Am Abend klopfen sie Schilf für die Pferde. Draußen liegt Schnee, der Himmel ist sternenklar. Eugène geht mal kurz nach draußen, um das Wetter zu prüfen, da sieht er über dem Dach des Nachbarhauses von Augustin Guidecoq eine sehr schöne, große Dame im blauen Kleid, mit Sternen besetzt; sie trägt dunkelblaue Schuhe mit einer goldenen Rosette, dazu einen schwarzen Schleier und eine goldene Krone mit einem schmalen roten Mittelstreifen. Sie lächelt, sagt aber nichts.

Bild 30: Darstellung der Marienerscheinung in Pontmain

Mittlerweile kommt auch der Vater heraus, der natürlich nichts sieht und die Mutter rufen lässt. Die schöne Dame ist immer noch da, und Eugène ruft ständig voller Entzücken: „Wie schön sie ist, wie schön sie ist!" Das lockt nun die Nachbarn an, die angesichts der als ehrlich geltenden Kinder den Verdacht äußern, es könne vielleicht die Mutter Gottes sein. Und sie fangen zu beten an.

Kurz darauf rufen sie Sr. Vitaline, eine der Schulschwestern, die aber nichts sehen kann; als ein kleines Kind, Françoise Richer, hinzukommt und ebenfalls die Erscheinung sieht, rufen sie:" Jesus, Jesus!" Der Pfarrer eilt herbei und fragt, was sie denn sehen. Und sie rufen: „Wir sehen einen großen ovalen Kreis um die Dame und einen Heiligenschein." Dann beschreiben sie im weiteren vier Kerzen in Höhe der Knie und zwei bei den Schultern. Auf der Brust ein rotes Kreuz.

Bald sind fünfzig Personen zusammen und bestürmen die Kinder mit Fragen. Der Pfarrer gebietet Stillschweigen und setzt zum Rosenkranzgebet an. Als eine der Schulschwestern das Magnifikat anstimmt, rufen die drei Kinder: „Da geschieht etwas! Da ist ein goldenes M auf einer großen weißen Schreibtafel. - Und jetzt kommt ein A, jetzt ein I und S."

Das französische Wort MAIS (= aber) steht da fast zehn Minuten. Nach Beendigung des Magnifikats, das immer wieder unterbrochen wird, lesen die Kinder folgenden Satz auf der Tafel:

Mais priez mes enfants. (Aber betet doch, meine Kinder.)

Die Umstehenden sind tief berührt, manche weinen. Die schöne Frau lächelt immer noch. Als man dann die Litanei der Mutter Gottes zu singen beginnt, rufen die Kinder abermals aus: „Jetzt geschieht wieder etwas! Es sind die Buchstaben D und I und E..."

Am Ende der Litanei ergibt sich folgender Satz:

Dieu vous exaucera en peu de temps. (Gott wird euch in kurzer Zeit erhören.)

Die Leute sind jetzt außer Rand und Band, einige weinen und schluchzen laut. Während all dem lächelt die Dame ununterbrochen, und die Kinder lachen mit. Man singt nun das Inviolata und es erscheint das Wort: *Mon fils... (Mein Sohn...).* Die geheimnisvolle Hand schreibt weiter: *...se laisse toucher.* (...lässt sich rühren).

Die Menschen singen voller Inbrunst weitere Lieder, und als einer der Schwestern „Mutter der Hoffnung, beschütze unser Frankreich, bitte für uns" singt, erhebt die Mutter Gottes ihre Hände und betrachtet die Kinder mit freundlichem Lächeln. Dann verschwindet die Schrift.

Plötzlich scheint die Gottesmutter traurig zu sein; sie hält ein Kreuz in Richtung Kinder, und die Kerzen in Höhe ihrer Knie und ihrer Schultern fangen an zu brennen. Beim Gesang der Hymne Ave Maria Stella verschwindet das Kreuz und Maria lacht wieder. Die Kinder jubeln, sind außer sich. Kurz darauf verschwindet die Erscheinung für immer. Das ganze dauerte drei Stunden.

Die Seher

Eugen Barbedette wurde Priester und starb am 2. Mai 1927 im Ruf der Heiligkeit. Sein Bruder Joseph wurde ebenfalls Priester und starb am 3. November 1930. Françoise Richer war Haushälterin im Pfarrhaus zu Chatillon, sie starb 1915. In manchen Berichten ist auch die Rede von einer vierten Seherin, Jeanne-Marie Lebossé. Da sie aber später ihre Aussagen zurücknahm und nicht

Bild 31: Die Seherkinder von Pontmain, 1911

mehr zur Meinung stand, die Jungfrau Maria gesehen zu haben, ist sie als Zeugin irrelevant.

Bereits 1872 wurde dieses Geschehnis vom Bischof als echt anerkannt. Und nach einem weiteren Jahr begann man mit dem Bau einer Basilika.

Es fällt auf, dass Knock und Pontmain die einzigen Erscheinungsorte sind, in denen die Gottesmutter nichts sprach; lediglich durch Figuren (Knock) und Buchstaben (Pontmain) wurde den Sehern die Botschaft überbracht.

Bild 32: Basilika von Pontmain mit Marienfigur

Merkwürdiges Zahlenspiel

Dass der Krieg 11 Tage später zu Ende ging, wurde im Zahlenspiel der Botschaften entschlüsselt: Es sind 11 Worte = 11 Tage. Und die Anzahl der Buchstaben im ersten Satz beträgt 47. Soviel Jahre sollten es sein, bis nach der Erscheinung 1871 der nächste angekündigte Krieg beendet sein würde (1918). Es kam der Waffenstillstand 1940, angekündigt in den 22 Buchstaben des zweiten Satzes: 1918 + 22 = 1940. Und im dritten Satz der Botschaft wird auf die Dauer der Besetzung hingewiesen; es sind 5 Worte = 5 Jahre, also 1940 + 5 = 1945.

- Grabler, Rudolf: Marienerscheinungen. Würzburg 1986
- L.Colin,/ Nicanas Icker, N.: Pontmain. Lauerz 2016.
- Kevin Mc Clure: Beweise: Erscheinungen der Jungfrau Maria. Ulm1987

Rom (1842)

Über Rom hier etwas zu sagen, scheint müßig. Dass es dort 1842 eine Marienerscheinung gab, ist vielen unbekannt. Und wer kennt schon Alphonse Ratisbonne? In der Kirche Sant-Andrea-delle-Fratte, die an der gleichnamigen Via di Sant'Andrea delle Fratte etwa 250 Meter südsüdöstlich der Piazza di Spagna liegt, vollzog sich das Bekehrungswunder eines jüdischen Notars. Im 12. Jahrhundert lag diese Stelle am Rande des bebauten Gebietes, daher der Name delle fratte – „Reisig und Dornbüsche".

In der dritten Seitenkapelle links wird eine wundertätige Madonna (Madonna del Miracolo) verehrt. Die meisten Touristen, die von der Fontana di Trevi zur Spanischen Treppe ziehen, gehen an dieser Kirche achtlos vorbei. Sie wissen nicht, was es mit dieser wundertätigen Madonna auf sich hat...

Der Rechtsanwalt, Bankier und Seher Alphonse Ratisbonne

war Jude und Sohn einer reichen Bankiersfamilie aus Straßburg. Er war verlobt mit der ältesten Tochter seines Bruders Theodore. Der hatte sich zum Katholizismus bekehrt und wurde Priester, was für Alphonse einer Katastrophe gleichkam; denn er hasste die Katholiken und die Kirche. Für ihn war die jüdische Religion ein und alles.

Bevor er die Ehe eingehen wollte, machte er sich noch auf die Reise in den Orient, wobei es ihn erst einmal nach Rom verschlug. Dort traf er seinen ehemaligen Schulkameraden Baron Gustave de Bussières, Grund genug, seinen Aufenthalt in Rom zu verlängern. Es kam zu heftigen Auseinandersetzungen, weil der Baron ihn vom katholischen Glauben überzeugen wollte, sehr zum Ärgernis des Juden Alphonse. Der spottete nur und machte aus seinem Abscheu keinen Hehl.

Der Baron schlug ihm auf einmal eine Mutprobe vor, die darin bestand, dass Alphonse einen kleinen Gegenstand bei sich tragen sollte: die Medaille der Jungfrau Maria. Alphonse hielt das für kindisch, war aber schließlich für dieses Experiment bereit. Doch das war nicht alles: Jetzt bat ihn sein ehemaliger Schulkamerad darum, das Gebet des hl. Bernhard von Clairvaux morgens und abends zu sprechen: „Gedenke, gütigste Jungfrau Maria, man hat es noch niemals gehört, dass jemand, der deine Hilfe anrief, von dir verlassen worden sei. Ich nehme meine Zuflucht zu dir, Mutter, Jungfrau, und stehe vor dir als Sünder. Verschmähe meine Worte nicht, sondern erhöre mich. Amen."

Alphonse fand das nun gar nicht passend, dennoch willigte er ein, denn wenn es schon nicht hilft, wird es auch nicht schaden.

Und dann geschah es

am 20. Januar 1842, an seinem letzten Tag in Rom: Während der Baron in der Kirche Sant' Andrea delle Fratte Plätze für einen Trauergottesdienst reservieren und im anstehenden Kloster die Formalitäten regeln will, soll Alphonse in der Kirche warten. Als der Baron zurückkommt, findet er ihn am Seitenaltar kniend, tränenüberströmt und völlig außer sich. Immer wieder küsst er die Medaille und bricht in Lobpreisungen auf Gott aus. Dann bittet er, zu einem Priester geführt zu werden, er wolle die Taufe empfangen und beichten. Dem Jesuitenpater Philippe de Villefort zeigt er die Medaille und beteuert mehrmals: „Ich habe sie gesehen, ich habe sie gesehen!"

Dann berichtet er der Reihe nach:

Ich wurde plötzlich in der Kirche von einer Unruhe ergriffen; das ganze Gebäude verschwand vor meinen Augen und es kam ein Licht auf den Altar, in dessen Mitte ich die Jungfrau Maria sah, so wie sie auf der Medaille dargestellt ist. Sie machte ein Zeichen mit der Hand, ich solle niederknien. Sie hat nichts gesagt, aber ich habe von da an alles verstanden.

Bemerkenswert ist, dass er die Gottesmutter nur bis zur Höhe ihrer Hände sah.

Bild 33: Kirche St. Andrea   *Bild 34: Gnadenaltar Ratisbonne*

Bild 35: Bekehrung Ratisbonne (Bild)

Am 31. 1.1842 empfing Alphonse die Taufe, die Firmung und die Kommunion unter Anteilnahme vieler Menschen; fortan nannte er sich Alphonse Maria. Das Ereignis sprach sich in ganz Rom um.

Alphonse Maria hatte eine unruhige Nacht. Ständig sah er ein großes Kreuz ohne Corpus vor sich; es gelang ihm nicht, das Bild zu verjagen. Als er zufällig mal auf die Rückseite der Medaille schaute, erkannte er das Kreuz.

Er „stornierte" die Heirat und trat in das Noviziat der Jesuiten in Toulouse ein, studierte Theologie und wurde 1848 Priester. Etwas später ließ er sich vom Orden befreien, um im Heiligen Land für die Schwestern „Unserer Lieben Frau von Sion" zu arbeiten . Er gründete Waisenhäuser , Schulen und baute Kirchen. In Ain Karem (dort, wo sich die schwangere Maria und ihre Tante Elisabeth trafen) entstand ein Haus für betagte Nonnen.

Am 6.5.1884 starb Alphonse Maria Ratisbonne in Jerusalem; begraben wurde er im nahegelegenen Ain Karem (auch En Kerem geschrieben).

- Théodore Bussière: Die Medaille des Juden Ratisbonne. Lauerz 2003
- Barbara Wenz: Konvertiten. Illertissen 2016

San Nicolas (1983-1990)

San Nicolás de los Arroyos ist eine Stadt in der Provinz Buenos Aires in Argentinien. Wegen der vielen Bäche hat sie den Beinamen los Arroyos (Bäche). Sie hat etwa 140.000 Einwohner und ist sowohl als Hafen- und Industriestadt (Metallindustrie, Agrarindustrie) bekannt. Die Stadt ist von der sogenannten Pampa ondulada umgeben, die im Gegensatz zum Rest der Pampa nicht vollständig flach, sondern leicht hügelig ist. Im Herbst 1983 begannen die Erscheinungen der Gottesmutter in San Nicolas. Die Seherin Gladys hat in der Zeit vom 13. Oktober 1983 bis 11. Februar 1990 insgesamt 1.800 Botschaften von Maria, aber auch von Jesus erhalten. Tausende von Gebetsgruppen wurden in Argentinien gegründet.

Unsere rationalistische und materialistische Welt will von Gott nichts wissen. Das besondere Mitleid Jesu und Mariens gilt der verführten Jugend, der die Wahrheit vorenthalten wird und die von Gott nicht mehr viel weiß. Maria und Jesus fordern dringlich dazu auf, besonders ihnen das Heil zu predigen; denn „die Ankunft des Erlösers steht unmittelbar bevor".

Während des Rosenkranzgebetes

am 25. Sept. 1983 erscheint der 46 jährigen Hausfrau **Gladys Herminia Quiroga de Motta** ganz kurz die Gottesmutter, ohne etwas zu sagen. Gladys befindet sich im Schlafzimmer. Dass am Vorabend ihr Rosenkranz kurz aufleuchtete, was auch einige Nachbarn sahen, wird zunächst nicht weiter diskutiert. Gladys erkennt Maria an ihrer klassischen Position: blaues Kleid, das Kind auf dem Arm, in der Hand den Rosenkranz. Noch erzählt sie niemandem davon. Auch in weiteren Erscheinungen schweigt die Gottesmutter; am 7. Oktober (Rosenkranzfest) fragt Gladys nach ihren Wünschen und sieht als Antwort eine Kapelle. Erst am 13. Oktober spricht sie: *„Du bist treu gewesen. Fürchte dich nicht, komm und sieh mich an. Du wirst mit mir Hand in Hand gehen, und dein Weg wird lang sein."*

Dann weist sie auf die Stelle im Buch Ezechiel 2,4-10 hin; Gladys schaut in der Bibel nach und findet dort die Klage Gottes über sein rebellisches Volk.

Von nun an erhält Gladys viele Botschaften, die zur Umkehr aufrufen, zum Gebet und zum Vertrauen auf Gott.

Wer ist Gladys?

Sie ist eine einfache Frau aus dem Volk, wohnt am Rande der Stadt in einem Arbeiterviertel, hat zwei erwachsene Töchter und einen Mann, der als Metallarbeiter tätig war und bereits in den Vorruhestand trat. Sie gilt als solide und bodenständig, liebt den Tanz, aber auch eine gewisse Zurückgezogenheit, die sich noch intensiviert nach den ersten Erscheinungen. Sie fängt an, alles aufzuschreiben, was für die spätere Untersuchung von großer Nützlichkeit sein wird.

Bild 36: Seherin Gladys Herminia Quiroga de Motta

Nach dem elften Lebensjahr verlässt sie die Schule; man kann also nicht behaupten, dass sie besonders gebildet wäre; jedoch hat sie eine große Herzensbildung: aufrichtig, offen und unbefangen. Sich selbst gegenüber ist sie konsequent und unerbittlich. Sie erzählt nicht gern von ihren Offenbarungen und verbirgt auch ihre Wundmale, die sie am 16. November 1984 erhalten hat. Es sind rote Flecken am Handgelenk (dort, wo die Nagelung Jesu war, nicht im Handteller), die ihr Schmerzen bereiten. Blut fließt nur an den Freitagen in der Fastenzeit, dazu treten immer nur an Karfreitag Wundmale an den Füßen auf. Außerdem verspürt sie die Last eines Kreuzes auf der Schulter, was sich optisch durch einen länglichen, schmerzhaften Fleck zeigt. Gelegentlich blutet ihre Seite.

Die ersten Botschaften

Gladys erhielt von der Gottesmutter und von Jesus Botschaften, wobei sich viele im Wortlaut ähneln, wohl um sie tief genug einzuprägen und zu behalten. Die erste Botschaft von Jesus am 15.November 1987 lautet: *„Ich bin der Sämann. Die Ernte wird groß sein."* Und später: *„Wer auf mich hört, wird das Heil finden..., wer auf Gott hofft, hofft nicht vergebens."*

Es sind immer wieder Worte des Trostes, der Bitte, der Anklage und der Belehrung. *„Ich kenne die Taten aller Menschen. Ich sehe ihre Beständigkeit und erkenne ihre Schwächen. Meine Antwort hängt von ihren Taten ab."* (7.5.1985) Und dann wieder sehr mahnend: *„Wenn diese Generation nicht auf meine Mutter hört, wird sie untergehen. Ich bitte die Welt, ihr zuzuhören. Die Bekehrung des Menschen ist notwendig... Denkt darüber nach!"* (12.3.1986) Immer wieder richten sich die Worte an die Jugend, um deren Heil Jesus sehr besorgt ist: *„Die Jugend ist aus dem Gleichgewicht geraten und läuft Gefahr, vollkommen zu zerbrechen. Die meisten bauen nicht auf die Wahrheit, weil sie Gerechtigkeit nicht kennen. Sie lieben Gott nicht..."* (14.12.1985)

„Wenn es den Menschen an Liebe und Glauben mangelt, versuche ich vergeblich, sie zu erreichen..." (16.8.86)Auch Maria ist besorgt und sagt am 7. Juni 1986: *„ ...warum begeht ihr so viele Dummheiten? Habt ihr keinen Gott? Keine himmlische Mutter? Die Zeit eurer Reinigung ist gekommen, meine lieben Kinder. Wie werdet ihr später klagen, wenn ihr es nicht tut! Lest Isaias 45,22-24."* (Dort steht: „Wendet euch mir zu und lasst euch retten. Nur Jahwe ist Heil, zu ihm kommen tief beschämt alle, die gegen ihn geeifert haben.") Dann erwähnt sie den Drogenkonsum und deren Folgen und drängt zur Eile, weil die Zeit zu Ende geht.

Maria offenbart sich mittels populärer Zeichen, die sie wiederholt erwähnt: Es ist einmal die Statue der Königin vom Rosenkranz, die in San Nicolas vergessen wurde und deren Rückkehr sie wünscht. Dann bittet sie auch um ein Heiligtum, also um eine Kirche, dem Wohnort ihres Sohnes, und schließlich soll Gladys eine Medaille prägen lassen mit dem Bildnis der Madonna: *„Ihr müsst eine Medaille mit meinem Bildnis und meinem Namen prägen lassen: Maria vom Rosenkranz von San Nicolas, und auf der Rückseite die Heilige Dreifaltigkeit mit sieben Sternen."* (2.12.84)

Mit den sieben Sternen meinte sie die sieben Gnaden*), die Jesus denen gewährt, die diese Medaille tragen. (Botschaft vom 25. Sept 1985)

Und immer wieder der Hinweis auf die Zeitenwende*: „Der Fürst des Bösen weiß, dass sein*

Bild 37: Statue der Mutter Gottes nach Aussagen von Seherin Gladys

trauriges Reich seinem Ende entgegengeht. Er hat nicht mehr viel Zeit. Sein Ende naht. Amen." (7.3.86)

Wir dürfen nicht vergessen, dass bei aller Tragik unserer Zeit auch das Gute siegen wird. In tröstlichen Worten teilt Maria mit*: „Der allmächtige Gott wird ebenso denjenigen retten, der den Herrn anerkennt, wie auch den Ungläubigen..."* (16.9.86) Und: *„Dank einer Minderheit von guten Menschen werden viele Böse das Heil finden... es ist das beharrliche Gebet der wahren Christen."* (15.12.86)

Am 31. Okt. weist sie auf die unerschöpflichen Gaben Gottes hin und betont: *„Ich bin nicht unerreichbar, wie viele meinen. Sie mögen die Arme ausstrecken, und sie werden mich erreichen."*

Weitere Botschaften

Auch Jesus erscheint ihr am 1.April 1984 mit den Worten; *„Ich gehe niemals fort von dem, der mich braucht. Ich bleibe an seiner Seite. Betet für euch selbst und für eure Brüder."*

Später dann der mahnende Hinweis:*" Die Völker leiden am Hochmut... Wenn es den Seelen an Liebe und Glauben mangelt, versuche ich sie vergeblich zu erreichen..."* (16. Aug 1986)

Und am 15. Nov 1987 *„Ich bin der Sämann. Die Ernte wird groß sein."* Seine letzten Worte, etwa 5 Wochen vor dem Ende der Botschaften, lauten: *„Ich nähre meine Herde, weil ich mich um sie sorge... Es gibt Herzen, die vollkommen erstickt sind; sie nehmen die Liebe nicht auf, die ich allen Seelen gebe. Mein Licht will alle Nationen erhellen; denn es ist das wahre Licht. Alle, die dieses Licht aufnehmen, werden die wahren Kinder Gottes genannt werden."* 17. Nov. 1989

Jetzt ab November erhält Gladys tägliche Botschaften, darunter Aussagen wie: *„Ich bin die Schutzpatronin dieser Gegend..."* (15. Nov.) - *„Du bist eine Brücke für die Vereinigung. Verbreite mein Wort..."* (19. Nov) – *„Mangelt es jemand an Weisheit, der bete zu Gott, der sie allen großzügig gibt, ohne einen Gegenwert zu verlangen, und sie wird ihm gegeben werden."* (27. Nov.)

Eine der letzten Worte befassen sich mit dem Sieg über Satan: *„Der Feind wurde bereits angegriffen, sein Ende naht. Er nutzt seine letzte Chance und bedient sich der menschlichen Schwäche: des Stolzes. Dennoch werde ich ihn schlagen... Die Welt soll es wissen: Die Mutter Christi wird über Satan triumphieren, denn bei ihr werden alle Demütigen ihres Sohnes sein."* (17. Feb. 1989)

Und abschließend am 11. 2. 1990 *„...alle, die Vertrauen zu Gott und zu Maria haben, werden unversehrt bleiben. Ehre sei Gott. Verbreite diese Worte."*

Die aktuelle Situation

Es geschehen dauerhaft Heilungen, die dokumentiert und untersucht werden. Nachdem der Bischof Castagna ein Zeichen verlangte, wurde der sieben Jahre alte Gonzalo Miguel Godoy von einem schweren Hirntumor geheilt. Eine Operation wäre sehr kompliziert gewesen; schließlich ging es dem Ende zu und er bekam die Sterbesakramente. 45 Minuten danach geht seine Lähmung zurück, verschwindet der Tumor. Das Kind ist völlig gesund. Die Presse überschlägt sich...

Die guten geistlichen Früchte am Ort bestärken den Bischof, die Bitten der Gottesmutter zu erfüllen: Es wird das gewünschte Heiligtum gebaut, eine Kirche, die 9.000 Personen fassen kann, und die Statue der Gottesmutter von der Kathedrale ins Heiligtum gebracht. Auch wurde die Medaille geprägt nach den Vorgaben der Gottesmutter.

Gladys bleibt zurückgezogen und betend in ihrer Wohnung. Am 25. eines jeden Monats finden besondere Messen statt, Beichten und Anbetungen; am 22. Mai 2016 hat die Kirche die Erscheinungen und Botschaften von San Nicolas offiziell anerkannt.

---

*) Wahrscheinlich sind die Gaben des Hl. Geistes gemeint, die bei Jesaia stehen: *Der Geist des Herrn lässt sich nieder auf ihm: der Geist der Weisheit und der Einsicht, der Geist des Rates und der Stärke, der Geist der Erkenntnis und der Gottesfurcht.*" (Jes 11,1–2). Die siebte Gabe, die Frömmigkeit, hat Thomas von Aquin später hinzugefügt, weil ihm die Zahl 7 als Symbol der Fülle sehr wichtig war.

- René Laurentin: Ein Ruf Mariens in Argentinien. Hauteville 1992 (Alle Botschaften Jesu S.26-28)
- Joh.Maria Höcht: Träger der Wundmale Christi. Stein a. Rhein 2000
- www.katholisches.info/.../marienerscheinungen-von-san-nicolas-de-los-arroyos (abgerufen am 14. Aug 2017)

Gott will Opfer

Maria bittet immer wieder um die Bereitschaft, Opfer zu bringen, Sühne zu leisten, Leiden anzunehmen. *„Weil die Welt schlecht ist, mein Kind, wirst du leiden...; niemand, der nicht gelitten hat, kommt in den Himmel"*, sagte sie in Kibeho. Das verstehen viele nicht, da Jesu selber dazu nichts gesagt hat und sein eigener Tod als einmaliges und vollkommenes Sühneopfer verstanden wird. In der Regel müssen die Seher und Seherinnen mit Ablehnung und auch Verfolgung rechnen; Maria weist darauf hin und teilt mit, dass sie alles ertragen sollen zur Bekehrung der Sünder.

Wenngleich auch Gott im Psalm 51 sagt, er wolle keine Opfer, sondern ein demütiges und reuiges Herz, so berührt dies nicht das Phänomen der Sühne. Ein Opfer allein ist ohne Umkehr und Liebe wertlos. Jesus zieht die Barmherzigkeit dem Opfer vor. Aber ein Opfer aus Barmherzigkeit ist stets eine freiwillige Verzichtleistung oder Leidannahme zu Gunsten anderer.

Es geht um den Ausgleich, da durch Schuld das Gleichgewicht gestört wird und nur durch eine Wiedergutmachung ins Lot kommt. Das ist Gerechtigkeit. Nun sagen manche, Gott sei doch barmherzig und verzeihe unsere Sünden. Das stimmt auch; dennoch muss die Sünde irgendwie abgetragen werden. *)

Die christliche Sinngebung des irdischen Leids als Sühne ist die einzige überzeugende Antwort auf die Frage nach dem Sinn der unvollkommenen Schöpfung. Sie befähigt den Menschen zur Linderung fremden Leids. So weist Maria auch darauf hin, dass es Seelen gibt, die aufgrund ihrer Sühne zur Rettung vieler beitragen. Es ist müßig, dies zu hinterfragen, weil wir darauf keine uns genehme Antwort haben. Gott ist nicht genehm, d.h. pflegeleicht und schmerzfrei.

Die hl. Therese von Lisieux bot Gott ihr Leid an zur Bekehrung eines zum Tode verurteilten Mörders; der Mann lästerte Gott und war üblen Charakters. Tatsächlich verlangte er am Schafott einen Priester und beichtete.

Es geht nicht um Masochismus (Lustgewinn aus Schmerz), auch nicht um Perfektionismus (Gewinn des Himmels durch Superleistung). Es geht um die Mitarbeit im noch andauernden Erlösungswerk Christi. Sühne ist stellvertretendes Opfer und somit eine existentielle Form der Fürbitte.

Paulus ermahnt uns dazu, unser Leben als lebendiges und heiliges Opfer Gott darzubringen (Röm 12,1).

---

*) Die Familienaufstellung lässt uns immer wieder erkennen, wie Menschen an der ungesühnten Schuld ihrer Vorfahren leiden, ohne es immer zu wissen. Manche meinen, es läge ein Fluch auf ihnen. Wir hatten einen Jungen, der sich ungeliebt und ausgegrenzt fühlte, obwohl er ein Wunschkind war. In der systemischen Aufstellung fanden wir heraus, dass ein Onkel immer totgeschwiegen wurde und so aus dem Familienverband fiel. Erst die Bitte um Vergebung und die Würdigung des Onkels löste die Belastung. Das Gleichgewicht war wieder hergestellt.

Und nun?

Was hat die Lektüre der Botschaften mit Ihnen gemacht? Wird alles so bleiben in Ihrem Leben wie bisher? Es wäre keine gute Idee, Ängste zu schüren, Bedrohlichkeiten herauszupicken oder angesichts der eigenen Schwachheit zu resignieren.

Bisweilen versuchen Zweifler die Phänomene zu erklären; sie sagen, dass die Seher Gelesenes einfach als himmlische Kunde ausgeben, dass sie optischen Täuschungen oder Illusionen erlegen seien, dass sie schlichtweg lügen oder dass eine Massensuggestion vorliegen könnte usw. Das mag es alles geben, in diesen hier beschriebenen Erscheinungen ist aufgrund der strengen Prüfungen Betrug oder Täuschung ausgeschlossen. Manchmal sind die Geheimnisse Gottes einleuchtender als unsere Erklärungsversuche.

Wir müssen uns in Demut beugen vor Wahrheiten, die unbequem sind und vor den Bitten Gottes, die unsere Lebenswünsche durchkreuzen können. Unser Leben ist kurz, eine lächerliche Spanne angesichts der Ewigkeit.

Die schon seit Jahrzehnten wiederholten Hinweise auf das baldige Kommen des Herrn geben immer wieder Anlass zu Spekulationen und kosmischen Untergangsszenarien. Niemand kennt Tag noch Stunde, wenngleich schon zigmal falsche Propheten Daten nannten. Das Kommen des Herrn geschieht auch im Tod des Einzelnen; weshalb wir wachen und beten sollen. Zeitspannen sind relativ; denn „vor Gott sind tausend Jahre wie ein Tag" (Psalm 90,4). Bleiben wir achtsam.

Inzwischen wissen wir, dass der Rosenkranz das Lieblingsgebet der Gottesmutter ist. Sie verspricht den Betern viele Gnaden. Es wäre doch ziemlich töricht, ihren Wunsch nicht zu erfüllen. Gerade mal 20 Minuten dauert er. Da schicken wir ständig endlose Bitten zum Himmel für dies und das und sind nicht imstande, 20 Minuten aufzuopfern, weil unsere Zeit ja so knapp ist. Zugleich verplempern wir unglaublich viel Zeit am Fernseher oder Computer, im Fitnesscenter oder beim Kaffeeklatsch.

Fassen wir zusammen, welches die zehn wichtigen Botschaften und Anliegen der Gottesmutter sind:

Betet, kehrt um, bereut und empfangt die Sakramente.
Opfert eure Krankheiten und euer Leid dem himmlischen Vater auf!
Ohne Leiden gibt es keinen Weg zum Himmel.
Betet täglich den Rosenkranz.
Haltet das Sonntagsgebot und besucht die hl. Messe.
Wenn ihr nicht aufhört mit der Sünde, kann ich das Unheil nicht mehr fernhalten.
Die Zeit der Reinigung kommt; bleibt Gott treu und vertraut ihm. Dann werdet ihr reich belohnt.
Gott liebt euch so sehr, doch ihr beleidigt ihn täglich mit euren Sünden.
Durch das Gebet der wahren Christen werden viele gerettet.
Der Triumph der Kirche kommt.

Die Worte Mariens können trösten, heilen, lehren und mahnen, ja sogar Konsequenzen ankündigen für den Fall unseres Ungehorsams. Es ist ein pädagogisches Vorgehen, in dem die Anliegen Jesu immer wieder verdeutlicht werden. Der wiederholte Hinweis auf das irdische Leid als Bedingung der Heiligkeit mag manchen erschrecken; und dass Maria das Aufopfern des Leids wünscht, können wir kaum in Einklang bringen mit biblischen Aussagen. Aus dem Mund Jesu kommt nichts dergleichen. Dennoch leuchtet ein, dass der Weg zum Himmel sozusagen erlitten werden muss. Und da keiner unrein hineinkommen kann, bietet sich das Ertragen von Widerwärtigkeiten und Leid als Reinigungsmittel an. Wenn es nicht schon auf Erden geschieht, wird es nach dem Tod folgen. Barmherzigkeit ja. Aber auch Gerechtigkeit. Allein Gott ist imstande, diesen Spagat hinzukriegen. Und letztlich gilt die Aussage Jesu: „Bei Gott ist kein Ding unmöglich!" (Lk 1,37)

Seherinnen und Seher

Adele Brise
Agnes Katsuko Sasagawa
Albert Voisin
Alphonse Ratisbonne
Alphonsine Mumureke
Anathalie Mukamazimpanka
André Degeimbre
Barbara Samulowski
Benoîte Rencurel
Bernadette Soubirous
Eugène Barbedette
Fernande Voisin
Françoise Richer
Francisco Marto
Gilberte Degeimbre
Gladys Herminia Quiroga de Motta
Golberte Voisin
Jacinta Marto
Joseph Barbedette
Juan Diego Cuauhtlatohuac
Justyna Schaffrinski
Katharina Labouré
Margaret Beirne
Lucia dos Santos
Maria Esperanza de Bianchini
Marie-Claire Mukangano
Mariette Bèco
Maxim Giraud
Mélanie Calvat

Quellennachweis

Akita

Bild 1 Ganzansicht der hölzernen Statue der Gottesmutter
von Akita
(Quelle: Beatrix Zureich: Die Gottesmutter spricht in
Japan 2011)

Bild 2 Weinende Marienstatue in Akita, Japan
(Quelle: Beatrix Zureich: Die Gottesmutter spricht in
Japan 2011)

Banneux

Bild 3 Banneux, Seherin Mariette Beco
(Quelle: presse@banneux-nd.be)

Bild 4 Banneux, Marienstatue
(Quelle: M.Beco, presse@banneux-nd.be)

Beauraing

Bild 5 Seherkinder von Beauraing
(Quelle: www.imagomundi.biz/resch)

Bild 6 Votivkapelle in Beauraing
(Quelle: www.imagomundi.biz/resch)

Betania

Bild 7 Venezuela, Betania, Seherin Maria Esperanza Branchini
(Quelle: Gloria Barr, the catholic travel guide)

Champion

Bild 8 Unsere Frau von der Guten Hilfe, Statue Wisconsin USA
(Quelle: Corri Campel)

Bild 9 Sr. Adele Brise, Champion
(Quelle: Corri Campel)

Bild 10 Unsere Frau von der Guten Hilfe,
Wisconsin USA (Quelle: Corri Campel)

Bild 11 Kirche Wisconsin USA
(Quelle: Corri Campel)

Dietrichswalde

Bild 12 Basilika Gietrzwald, Polen
(Quelle: wikimedia commons: Urheberrechtsinhaber
Bogitor - GNU-Lizenz für freie Dokumentation)

Fatima

Bild 13   Seherkinder von Fatima
           (Quelle: Lins Verlag, Fatima heute)
Bild 14   Basilika Unserer lieben Frau vom Rosenkranz, Fatima
           (Quelle: Lins Verlag, Fatima heute)

Guadalupe

Bild 15   Abbildung der Tilma von der Marienerscheinung in
           Guadalupe, Mexiko
           (Quelle: BR-125, Verlag Salvator mundi, Gaming)
Bild 16   Kathedrale von Cordoba, Mexiko
           (Quelle: Paul Baldauf: Juanito der Bote von Mexiko,
           Mediatrix-Verlag)

Kibeho

Bild 17   Basilika in Kibeho Ruanda, Afrika.
           Das Heiligtum gilt als „Lourdes von Afrika"
           (Quelle: shutterstock)
Bild 18   Alphonsine im Gespräch mit der Gottesmutter
           (Quelle: Illibagiza Immaculée: Die Erscheinungen von
           Kibeho, Illertissen 2017)
Bild 19   Marie-Claire erhält den Auftrag, den Rosenkranz zu verbreiten
           (Quelle: Illibagiza Immaculée: Die Erscheinungen von Kibeho,
           Illertissen 2017)
Bild 20   Agnes bricht am Ende einer Erscheinung zusammen
           (Quelle: Illibagiza Immaculée: Die Erscheinungen von Kibeho,
           Illertissen 2017)

Knock

Bild 21   Die Vision von Knock, Irland, wie sie heute im Oratorium
           dargestellt wird.
           (Quelle: shutterstock)

La Salette

Bild 22   Darstellung der Marienerscheinung, Frankreich
           (Quelle: Lins Verlag, La Salette)
Bild 23   Basilika „Sanctuaire de Notre Dame de la Salette", Frankreich
           (Quelle: Lins Verlag, La Salette)

Laus

Bild 24   Altar „St Etienne le Laus"
           (Quelle: wikimendia commons: Urheber Antony B,
           GNU-Lizenz für freie Dokumentation)

Bild 25   Basilika „Notre Dame du Laus", Frankreich
(Quelle: wikimendia commons: Urheber Antony B,
GNU-Lizenz für freie Dokumentation)

Lourdes
Bild 26   Hl. Bernadette Soubirous
(Quelle: Lins Verlag, Lourdes)
Bild 27   Rosenkranz-Basilika, Lourdes
(Quelle: Lins Verlag, Lourdes)

Paris
Bild 28   Hl. Katharina Labouré
(Quelle: Lins Verlag, Paris 1830)
Bild 29   Altar der hl. Jungfrau mit der Weltkugel und dem Schrein
der hl. Katharina Labouré
(Quelle: Lins Verlag, Paris 1830)

Pontmain
Bild 30   Darstellung der Marienerscheinung in Pontmain, Frankreich
(Quelle: Theresia-Verlag, Lauerz, Die Friedensbotschaft von
Pontmain)
Bild 31   Die Seherkinder von Pontmain, 1911
(Quelle: Theresia-Verlag, Lauerz, Die Friedensbotschaft von
Pontmain)
Bild 32   Basilika von Pontmain mit Marienfigur
(Quelle: Theresia-Verlag, Lauerz, Die Friedensbotschaft von
Pontmain)

Rom
Bild 33   Kirche St. Andrea
Bild 34   Gnadenaltar Ratisbonne
Bild 35   Bekehrung Ratisbonne (Bild) Rom - Alphonse Ratisbonne
(Quelle: Theresia Verlag, Lauerz: Die Medaille des Juden
Ratisbonne)

San Nicolas - Argentinien
Bild 36   Seherin Gladys Herminia Quiroga de Motta
(Quelle: Laurentin, René: Ein Ruf Mariens in Argentinien,
Hauteville 1992)
Bild 37   Statue der Mutter Gottes nach Aussagen von Seherin Gladys
(Quelle: Laurentin, René: Ein Ruf Mariens in Argentinien,
Hauteville 1992)